MÉTHODE DE FRANÇAIS
CAHIER D'EXERCICES + MP3

Prêt-à-parler
3

www.emdl.fr/fle

Prêt-à-parler – Cahier d'exercices – Niveau B1

CONTRIBUTEURS
Pascal Biras
Astrid Boutry
Anissa Tarari
Stéphanie Pace (DELF)
Araceli Rodriguez Tomp (phonétique)

ÉDITION
Marine Nicolas

AUTEURS DE L'ÉDITION ORIGINALE
Anne Guilaine André
Anne-Marie Kaiser
Adelheid Nodop
Nicole Verger
Fabienne Schmaus (Trainingsbuch)

RÉVISION PÉDAGOGIQUE
Gaëlle Suñer Rabaud

ADAPTATION NUMÉRIQUE
Simon Malesan-Jordaney

CONCEPTION GRAPHIQUE
Laurianne Lopez
Xavier Golanó

COUVERTURE
Vasty / @vasty.studio

MISE EN PAGE
Ana Varela

CORRECTION
Sarah Billecoq

ENREGISTREMENTS
Blind Records
Merci à nos « voix », disponibles et sympathiques

Tous les textes et documents de cet ouvrage ont fait l'objet d'une autorisation préalable de reproduction. Malgré nos efforts, il nous a été impossible de trouver les ayants droit de certaines œuvres. Leurs droits sont réservés à Difusión, S. L. Nous vous remercions de bien vouloir nous signaler toute erreur ou omission ; nous y remédierions dans la prochaine édition. Les sites Internet référencés peuvent avoir fait l'objet de changement. Notre maison d'édition décline toute responsabilité concernant d'éventuels changements. En aucun cas, nous ne pourrons être tenus pour responsables des contenus de liens vers des tiers à partir des sites indiqués.

Prêt-à-parler B1 est une adaptation de *Rencontres en français B1*
© de l'édition originale : Ernst Klett Sprachen GmbH, Stuttgart, Allemagne (2021)
© de cette édition : Difusión, Centre de Recherche et de Publications de Langues, S.L., 2024
ISBN : 978-84-1157-124-1

Imprimé dans l'UE
Toute forme de reproduction, distribution, communication publique et transformation de cet ouvrage est interdite sans l'autorisation des titulaires des droits de propriété intellectuelle. Le non-respect de ces droits peut constituer un délit contre la propriété intellectuelle (art. 270 et suivants du Code pénal espagnol).

www.emdl.fr/fle

MIXTE
Papier issu de sources responsables
FSC® C125125

DANGER
LE PHOTOCOPILLAGE TUE LE LIVRE

Sommaire

1	On se connaît ?	p. 5
2	Avant de partir	p. 13
3	Faut que je bosse !	p. 21
4	À la une	p. 29
5	Les uns et les autres	p. 37
6	C'est indispensable ?	p. 45
7	Tout numérique	p. 53
8	Changeons le monde !	p. 61
9	Coup de foudre	p. 69
10	Bon public	p. 77
11	Quelle histoire !	p. 85
12	C'est la vie !	p. 93
	DELF	p. 101
	TRANSCRIPTIONS	p. 115

1 On se connaît ?

Audios sur espacevirtuel

---

1 Complétez les questions à l'aide des étiquettes.

| Quand | Vous faites | Quel | Est-ce que | À quoi | Avez-vous | qu'est-ce que |

a. _____ tu penses quand tu es seul ?

b. _____ du sport ?

c. _____ vous avez des animaux de compagnie ?

d. _____ déjà vécu en Allemagne ?

e. _____ vous ne travaillez pas, _____ vous faites ?

f. _____ est le dernier film que tu as vu ?

---

2 Lisez les réponses et écrivez les questions correspondantes. Aidez-vous des images.

a. • *As-tu déjà été amoureux ?*
○ Oui, j'ai été amoureux deux fois ! La dernière fois, c'était il y a un an.

b. • _____
○ Quand je me sens triste, j'aime bien me promener sur la plage et regarder le coucher de soleil.

c. • _____
○ J'aimerais voyager dans le temps.

d. • _____
○ *Bruxelles, je t'aime* d'Angèle. Je pourrais écouter cette chanson toute la journée. Je l'adore !

e. • _____
○ La forêt, c'est l'endroit où je me sens le mieux. J'aime être au milieu des arbres, ça me détend !

1 On se connaît ?

3 Lisez l'article suivant et cochez vrai ou faux. Justifiez vos réponses.

COMMENT FAIRE DES RENCONTRES QUAND ON VOYAGE SEUL/E ?

Voyager seul/e peut être une expérience enrichissante, mais parfois cette idée est effrayante. Voici quelques conseils pour faire des rencontres quand on voyage seul/e.

D'abord, je vous conseille d'aller dans les cafés, les bars ou les parcs. Les gens qui vont dans ces lieux ont souvent le même intérêt que vous pour le pays. Et puis ils veulent aussi faire connaissance avec vous, ils sont sociables et engagent facilement la conversation. Ces endroits animés sont parfaits pour créer de nouveaux liens.

Mais si vous n'aimez pas sortir seul/e, il vaut mieux vous inscrire à des activités ou des ateliers en groupe. Vous pouvez participer, par exemple, à des cours de langue ou de cuisine, à des ateliers d'art ou à des excursions. Vous rencontrerez des personnes sympas qui ont les mêmes passions et centres d'intérêt que vous.

Ah, très important ! Pour se faire des amis, il faut discuter avec les habitants du pays. Parlez avec eux dans les magasins, dans les restaurants, partout ! Ils connaissent bien leur pays. Ils vous feront découvrir des paysages magnifiques. Ils vous aideront à comprendre la culture locale. Et puis ils vous apprendront leur langue.

Enfin, vous devez utiliser les réseaux sociaux. Partagez vos moments incroyables et vos photos dans des groupes sur Facebook ou Instagram. C'est une bonne manière d'attirer l'attention des gens. Les touristes et les habitants du pays vous donneront des conseils sur les évènements locaux et les activités touristiques.

	Vrai	Faux
a. Voyager seul/e peut être une expérience qui fait peur. Justification :		
b. Les gens discutent facilement dans les lieux animés comme les bars. Justification :		
c. Les activités en groupe permettent de rencontrer des personnes avec des centres d'intérêt communs. Justification :		
d. Parler avec les habitants du pays est une bonne manière d'apprendre une nouvelle langue. Justification :		
e. Les réseaux sociaux sont inutiles pour se faire des amis pendant un voyage. Justification :		

4 Donnez quatre conseils supplémentaires pour se faire des amis quand on voyage seul/e. Utilisez les expressions dans les étiquettes.

~~conseiller~~   pouvoir   devoir   il faudrait   il vaudrait mieux

a. *Je te conseille de t'inscrire à des évènements sportifs.*
b. _____
c. _____
d. _____
e. _____

5 🔊 01 Écoutez et remettez dans l'ordre l'histoire d'Adam. Numérotez les évènements de 1 à 6.

☐ Il rencontre d'autres personnes qui ont les mêmes centres d'intérêt que lui.
☐ Adam emménage dans une nouvelle ville.
☐ Il fait connaissance avec ses voisins.
☐ Il utilise l'application Meetup, mais il ne trouve pas beaucoup d'activités intéressantes.
☐ Il se sent moins seul.
☐ Il essaie de parler aux étudiants à la sortie de l'université.

6 Conjuguez les verbes entre parenthèses au temps qui convient.

a. Si j'(**assister**) _____ régulièrement à des conférences et des séminaires, je (**devenir**) _____ plus compétent et plus connu dans mon domaine.

b. Si elle (**prendre**) _____ des cours de langue, elle (**pouvoir**) _____ plus facilement communiquer avec les locaux pendant ses voyages.

c. Si tu (**être**) _____ plus organisé, tu (**terminer**) _____ tes projets à temps.

d. J'(**apprendre**) _____ plus facilement si je (**être**) _____ plus patiente.

e. Si je me (**fixer**) _____ des objectifs réalistes, je les (**atteindre**) _____.

7 Finissez les phrases suivantes pour exprimer deux hypothèses.

Si je visite une ville en solitaire,
a. _____
b. _____

Si je pratique un sport d'équipe,
a. _____
b. _____

1 On se connaît ?

8 🔊 02 Écoutez les témoignages et cochez la bonne réponse dans le tableau.

	Alice	Paul	Pierre
a. Qui passe beaucoup de temps à jouer en ligne ?			
b. Qui s'intéresse à la nature ?			
c. Qui était fan de livres sur les grandes découvertes ?			
d. Qui est passionné par une activité qui détend ?			
e. Qui partage sa passion grâce à son métier ?			
f. Qui s'est mis à cultiver un potager ?			
g. Qui a trouvé une activité pour se faire des amis ?			

9 Entourez la bonne expression.

Je suis une personne passionnée, j'aime faire de nouvelles activités et découvrir de nouveaux centres d'intérêt.
J'adore / **Je passe mon temps à** la lecture. Quand je lis des romans, je voyage dans de nouveaux mondes et j'imagine des histoires captivantes. **Je suis passionnée de** / **Je me suis mise à** musique et **je me suis mise à** / **j'adore** la guitare récemment. La musique me permet de m'exprimer et de me détendre.
Je passe mon temps à / **Je suis passionnée par** le sport, en particulier le football. J'ai commencé à jouer il y a quelques années et c'est devenu une véritable passion pour moi. **Je me suis mise à** / **Je suis fan de** l'équipe féminine de Belgique et je ne rate aucun match. **Je suis fan de** / **Je m'intéresse à** la cuisine, et **je passe mon temps à** / **je suis passionnée de** essayer de nouvelles recettes de cuisine.

10 C'est à vous ! Écrivez un message à l'aide des expressions dans les étiquettes.

être passionné de/par   se mettre à   être fan de   s'intéresser à   passer son temps à

MON MÉTIER, MA PASSION !

LILY enseignante
J'adore enseigner les mathématiques et expliquer à mes étudiants des concepts difficiles. Je suis heureuse quand ils réussissent leurs exercices.

VICTOR libraire
Je suis passionné par les livres et j'aime partager mon goût pour la lecture avec mes clients. J'aime aussi beaucoup leur faire découvrir de nouveaux auteurs passionnants.

11 🔊 03 Écoutez l'interview et répondez aux questions.

a. Quel est le thème de l'interview ?
....

b. Qu'est-ce qui rend Nicolas heureux ?
- ○ Rester au lit toute la journée.
- ○ Passer du temps avec sa famille et ses amis.
- ○ Partir en vacances avec ses collègues.

c. Qu'est-ce qui fait du bien à Nicolas ?
- ○ De gagner beaucoup d'argent.
- ○ D'atteindre ses objectifs au travail.
- ○ De se sentir utile et d'aider les autres.

d. Où Nicolas se sent-il le mieux ?
 ○ Dans l'eau.   ○ Dans la forêt.   ○ En ville.

e. Que fait Nicolas pour se changer les idées ?
....

12 Continuez la liste. Aidez-vous des expressions dans les étiquettes.

| Ça me rend heureux/euse | Ça me change les idées | ~~Ça me fait du bien~~ |
| Ça me détend | Ça me plaît | Je me sens bien |

LES PETITES CHOSES QUI ME FONT DU BIEN !

a. *Ça me fait du bien de manger un repas avec des amis et de rire.*

b. ....

c. ....

d. ....

e. ....

f. ....

13 Complétez les phrases suivantes avec **aucun**, **aucune** ou **rien**.

a. Elle n'aime .... Elle n'a .... passion.

b. Je n'ai .... fait ce matin.

c. Je n'ai .... compétence en informatique.

d. .... de mes voyages ne m'a vraiment plu.

e. Je ne vois .... inconvénient à ce que tu participes.

f. Elle n'a .... envie de travailler aujourd'hui.

g. .... ne l'intéresse à part les jeux vidéo.

h. Remplis bien toutes les rubriques sur ton CV. N'oublie .... , c'est important.

1 On se connaît ?

14 Répondez aux questions suivantes avec **rien** ou **aucun/e**.

a. Tu fais du sport ?

b. Vous pensez à quoi ?

c. Tu as beaucoup d'amis à Paris ?

d. Quelle matière t'intéresse ?

e. Tu as fait quelque chose hier soir ?

15 Associez les débuts et les fins de phrases.

a. Les gens ont peur de sortir
b. Je n'osais pas parler
c. Étant donné que je suis nulle en musique,
d. Puisque j'ai un mauvais niveau en espagnol,
e. J'avais honte de moi

☐ car j'étais trop timide.
☐ je préfère m'exprimer dans ma langue.
☐ je vais m'inscrire à des cours de piano.
☐ car je me trouvais différente des autres.
☐ parce qu'il y a une tempête.

16 Entourez la bonne proposition.

a. **Étant donné que** / **Pourtant** tu es le seul à pouvoir le faire, je te demande de t'en charger.
b. **Parce que** / **Même si** tu es fatigué, il faut que tu ailles travailler.
c. Elle n'a aucun problème à parler en public, **étant donné qu'** / **pourtant** elle est timide.
d. Je suis heureux **car** / **même si** j'ai atteint le meilleur niveau.
e. **Même si** / **Étant donné que** j'ai un travail qui me plaît, je suis heureuse.
f. **Pourtant** / **Puisque** je n'avais pas d'amis libres, je suis partie toute seule en voyage.
g. Je ne peux pas venir dîner **parce que** / **pourtant** je suis très malade.

17 Imaginez la fin des phrases avec un élément qui exprime la concession : **pourtant**, **même si**.

a. Il n'est pas très doué pour les mathématiques
b. Je ne pratique pas souvent l'anglais
c. J'ai atteint un bon niveau en français
d. Elle est très mauvaise en informatique
e. Mon frère ne parle toujours pas anglais

18 Complétez le message de Louise à l'aide des étiquettes.

prononce — n'arrive pas à — ~~nulle~~ — un bon niveau (x2) — atteint — améliorer — progressé — bonne — du mal — pratique — parler couramment

FORUM POLYGLOTTE
Apprentissage d'une langue étrangère

SUJET : ÊTES-VOUS DOUÉ/E EN LANGUES ?

Louise, 34 ans

Moi, je suis _nulle_ en langues !
J'ai toujours eu _____ à apprendre les langues étrangères.
Je n'ai jamais eu _____ à l'oral et ma prononciation est mauvaise. Je _____ faire des phrases complexes et j'ai du mal à comprendre ce que les autres disent.

Mais je suis _____ en espagnol. Je l'ai appris à l'école et je l'ai beaucoup pratiqué pendant mes vacances en Espagne l'année dernière. J'ai _____ à l'oral et je me fais bien comprendre. Je _____ bien les sons et je m'exprime couramment.

J'ai récemment repris des cours d'anglais et j'ai déjà _____ à l'oral. Je ne parle pas couramment anglais, mais je peux avoir une conversation simple. Je ne _____ pas souvent l'anglais car je n'ai pas l'occasion de le parler. J'essaie de m'_____ : je regarde des films et des séries en anglais, mais ce n'est pas suffisant. J'ai _____ un niveau A2 en français. Je suis encore loin d'être bilingue, mais je suis contente de mes progrès.

J'ai toujours rêvé de _____ plusieurs langues. Je vais continuer à travailler dur pour m'améliorer, mais je ne me fais pas d'illusions, je sais que je ne serai jamais polyglotte.

Et vous, êtes-vous doué/e en langues ? Quelles langues parlez-vous ? Quel est votre niveau en langues ? Quelles sont vos difficultés ? Pourquoi ?

19 C'est à vous ! Écrivez un témoignage sur votre apprentissage du français et des langues étrangères. Aidez-vous des questions de Louise pour répondre.

....
....
....
....
....

1 On se connaît ?

PHONÉTIQUE

20 🔊 04 ≈ SON Écoutez les phrases et soulignez en rouge les hiatus et en bleu les enchaînements vocaliques.

  a. Zoé est partie à Amsterdam avec des amis.
  b. Marie a annoncé son mariage à Antoine.
  c. J'ai ouvert la fenêtre parce qu'il fait très chaud ici.
  d. Elle a acheté des croissants pour le petit déjeuner.
  e. Ils vont réussir leur examen de français.
  f. Gaëlle part avec Joël à la plage.
  g. Raphaël t'a invité à son anniversaire ?
  h. Elle a écouté de la musique tout l'après-midi.
  i. Si elle veut, elle peut aller au cinéma avec nous.
  j. Samedi, nous voulons regarder des vidéos.

21 Lisez les phrases de l'exercice précédent à voix haute. Attention à la prononciation des hiatus et des enchaînements vocaliques.

> On appelle « hiatus » deux voyelles qui se suivent et qui se prononcent à l'intérieur d'un mot. On appelle « enchaînement vocalique » deux voyelles qui se suivent et se prononcent dans deux mots différents.

22 🔊 05 ≈ SON Présent ou imparfait ? Écoutez et cochez la phrase que vous entendez.

  a. ☐ Ils habitent près d'ici.   ☑ Ils habitaient près d'ici.
  b. ☐ Nous écoutons de la musique.   ☐ Nous écoutions de la musique.
  c. ☐ Tu aimes marcher sur la plage.   ☐ Tu aimais marcher sur la plage.
  d. ☐ Vous travaillez dans cet immeuble. ☐ Vous travailliez dans cet immeuble.
  e. ☐ Il regarde un film d'action.   ☐ Il regardait un film d'action.
  f. ☐ Elles mangent des asperges.   ☐ Elles mangeaient des asperges.
  g. ☐ Je cherche un petit appartement.   ☐ Je cherchais un petit appartement.
  h. ☐ Il étudie le japonais.   ☐ Il étudiait le japonais.

23 Lisez les phrases suivantes à voix haute. Attention à la prononciation des verbes.

  a. Nous étudiions dans une école près d'ici.
  b. Elles adorent se promener dans ce parc.
  c. Tu arrivais toujours en retard en classe d'italien.
  d. Nous participons à un concours de cuisine.
  e. Vous habitiez dans ce quartier ?
  f. Il préfère partir tôt le matin.

2 Avant de partir

Audios sur espacevirtuel

1 Complétez le texte à l'aide des mots dans les étiquettes.

car   aires d'autoroute   passager   trajet   conductrice   covoiturage

Emma | 45 ans | Conductrice expérimentée

★★★★★

Nous habitons à Bordeaux, mais ma fille fait ses études à Toulouse. Pour venir nous voir, elle prend souvent le train ou le .... ou bien parfois elle fait du ....

Moi aussi, parfois, quand je fais un long ...., je mets une annonce pour trouver un .... J'aime bien discuter en voiture. Une fois, un covoitureur m'a dit que j'étais une excellente .... car j'étais prudente et que je m'arrêtais souvent sur les ...., ça m'a fait plaisir. C'était un monsieur très intéressant. On est devenus amis.

2 Conjuguez les verbes entre parenthèses au plus-que-parfait.

a. Nous sommes partis une semaine en vacances. Mais quand nous sommes rentrés, nous avons eu une mauvaise surprise. Des voleurs (**entrer**) .... chez nous et (**prendre**) .... tous les ordinateurs. Évidemment, les voisins n'(**entendre**) .... rien ....

b. Quand elle est partie au Pérou, elle n'a pas eu de problème parce qu'elle (**étudier**) .... l'espagnol. Et puis elle (**aller**) .... plusieurs fois en Amérique du Sud.

c. Ils ont réussi leur expérience à l'étranger parce qu'avant de partir, ils (**se préparer**) .... Ils (**lire**) .... beaucoup de guides et ils (**poser**) .... beaucoup de questions à des gens qui (**vivre**) .... la même expérience.

2 Avant de partir

3 🔊 06 Écoutez et lisez chaque situation, puis entourez la phrase qui correspond.

   a. Quand je suis arrivée sur le parking de covoiturage, la voiture est partie.
   Quand je suis arrivée sur le parking de covoiturage, la voiture était partie.

   b. L'avion allait partir quand nous sommes arrivés à la porte d'embarquement.
   L'avion était parti quand nous sommes arrivés à la porte d'embarquement.

   c. On n'a pas vu l'océan quand on est allés à Biarritz.
   On n'avait jamais vu l'océan quand on est allés à Biarritz.

   d. À mon arrivée à la réception, j'ai payé la chambre.
   À mon arrivée à la réception, j'avais déjà payé la chambre.

4 Formulez les questions qui correspondent aux réponses, comme dans l'exemple.

   a. *Tu as déjà perdu ton passeport ?*
   Non, je n'ai jamais perdu mon passeport.

   b. _____ sur l'autoroute ?
   Non, je n'ai jamais dû faire demi-tour sur l'autoroute.

   c. _____ quelque chose sur un lieu de vacances ?
   Oui, une fois ! J'ai oublié mes lunettes de soleil dans un hôtel.

   d. _____ dans une ville ?
   Non, je ne me suis jamais perdu.

   e. _____ un moyen de transport ?
   Oui, une fois. J'ai raté un train quand j'étais étudiante.

   f. _____ de destination ?
   Non, je ne me suis jamais trompé de destination.

5 Lisez les phrases suivantes et soulignez la bonne option.

   a. Il a plu pendant trois jours, mais **heureusement / malheureusement**, le dernier jour, il a fait beau et on a pu en profiter.

   b. **Malheureusement / Heureusement**, il a plu pendant trois jours et on n'a pas pu en profiter.

   c. Les enfants s'ennuyaient un peu et, **malheureusement / heureusement**, je n'avais pas de jeux.

   d. Les enfants s'ennuyaient un peu, mais **malheureusement / heureusement**, j'ai toujours des jeux chez moi.

   e. Le restaurant était complet quand on est arrivé. **Heureusement / Malheureusement** que j'avais réservé !

   f. Le restaurant était complet à notre arrivée. Je n'avais **heureusement / malheureusement** pas réservé.

   g. Il a perdu son sac à dos pendant la visite du musée. **Malheureusement / Heureusement**, il avait toutes ses affaires dedans.

6 Complétez les phrases avec les adjectifs dans les étiquettes. Attention aux accords.

ravi   déçu   motivé   satisfait

a. Il est très content de sa nouvelle maison. Il est absolument ....
b. Ils ont très envie de commencer une nouvelle vie. Ils sont vraiment ....
c. Elle voulait un appartement qui n'était plus disponible. Elle était un peu ....
d. Le poste correspond à mon profil. Je suis assez ....
e. Le musée qu'ils voulaient visiter était fermé. Ils étaient très ....
f. Elles adorent l'appartement qu'elles ont trouvé. Elles sont ....

7 Reformulez les phrases avec le verbe **manquer** conjugué au présent et accompagné du bon pronom. Attention à la conjugaison.

a. Il pense souvent à son pays d'origine. → Son pays d'origine ....
b. Tu penses souvent à tes grands-parents ? → Tes grands-parents ....
c. Nous sommes nostalgiques de Paris. → Paris ....
d. Elle est nostalgique de la pluie de sa région. → La pluie ....
e. Je suis nostalgique des fêtes en famille. → Les fêtes en famille ....
f. Ils pensent aux étés de leur enfance. → Les étés de leur enfance ....

8 Lisez le forum sur l'expatriation puis associez les débuts et les fins de chaque phrase.

Forum

Jacques : Ma fille vit en Chine, je ne la vois pas souvent, alors elle me manque un peu.

Julie : Je suis ravie d'être venue m'installer en Guadeloupe. Paris ne me manque pas du tout !

Alex : J'adore vivre à l'étranger. Mais mes amis me manquent…

Pierre : J'adore Montréal, mais parfois, c'est un peu compliqué d'être loin de ma femme.

Sophie : Je n'aimais pas mon boulot et mon appartement. Franchement, ma nouvelle vie me satisfait énormément.

Vincent : Moi, je ne suis pas parti à l'étranger. J'ai juste quitté la capitale pour m'installer à la campagne. Le stress de la ville ne me manque pas du tout !

a. Jacques regrette ⬚ d'être loin de sa femme.
b. Julie ne regrette pas ⬚ sa nouvelle vie.
c. Alex regrette seulement ⬚ de vivre loin de ses amis.
d. Pierre regrette ⬚ de vivre à la campagne.
e. Sophie apprécie beaucoup ⬚ son choix de vie.
f. Vincent apprécie ⬚ d'habiter loin de sa fille.

2 Avant de partir

9 🔊 07 Écoutez les phrases et écrivez le verbe **apprécier** à la forme verbale entendue.

a. _____ le soleil et la qualité de vie.

b. Le pays nous plaît. _____ surtout la sympathie des gens.

c. Avant, _____ beaucoup la cuisine locale, mais j'ai appris à l'aimer.

d. Je suis certain que _____ beaucoup votre séjour.

e. Est-ce que _____ la beauté des paysages ?

f. Tu n'aimes plus le piano ? Avant, _____ beaucoup Chopin.

g. _____ beaucoup que tu n'arrives pas au dernier moment.

10 🔊 08 Écoutez la conversation entre Audrey et Franck. Cochez vrai ou faux.

	Vrai	Faux
a. Audrey est partie en Erasmus un an avant Franck.		
b. Audrey habitait très loin du campus universitaire.		
c. Franck était stressé par la recherche de logement.		
d. Audrey adore le pays qu'elle a choisi comme destination.		
e. Franck avait un dictionnaire dans ses bagages.		
f. Franck et Audrey sont partis en avion.		
g. Audrey a eu une mésaventure à son arrivée.		
h. Audrey s'est fait des amis pendant son séjour.		

11 🔊 08 Écoutez une deuxième fois la conversation et cochez le sujet ou les sujets de chaque phrase.

Audrey	Franck	
		avait déjà un logement avant son séjour.
		avait fait un mini voyage pour chercher un logement.
		avait parlé avec sa professeure des conditions de vie sur place.
		avait visité le pays en touriste.
		avait une valise cassée.

12 Associez les expressions qui ont le même sens, puis complétez le message avec les mots de la colonne de droite.

a. Le jour d'avant •   • Maintenant

b. Le jour d'après •   • La veille

c. Actuellement •   • Le lendemain

> Il a quitté Paris le 6 septembre. _____, il avait fait une grande fête avec ses amis. Il disait : « Je suis triste de partir, vous allez me manquer. » _____, sur les réseaux sociaux, il postait déjà des photos de ses nouveaux amis. Alors, _____ on ne le croit plus. 😉   15:23 ✓

13 Complétez le témoignage de Bastien à l'aide des expressions suivantes.

Pendant | après | actuellement | Pendant 18 ans
Au début | depuis 1 an | À la fin | il y a 20 ans

Je m'appelle Bastien, je suis français et je suis marié avec une Grecque, Eugenia, _____. Notre histoire est compliquée. On s'est rencontrés _____, quand j'ai décidé de partir étudier en Grèce. _____ de mon année universitaire, je suis rentré en France.

_____, on ne s'est pas vus. On a fait nos vies. Et puis, en novembre 2021, on a repris contact. Je lui ai écrit un mail et on a commencé à s'écrire des messages réguliers. En 2022, mon entreprise m'a envoyé travailler à Montréal. _____ toute mon année au Québec, on s'est beaucoup parlé. _____, c'était difficile d'être encore plus loin l'un de l'autre, mais on discutait tous les jours. Alors, _____ mon année au Québec, en août 2023, elle est venue en France, chez moi. Nous vivons _____ à Paris, mais peut-être qu'un jour on ira vivre sur une île grecque.

14 Retrouvez dans le texte précédent les évènements importants de l'histoire de Bastien et placez-les sur la frise chronologique.

septembre 2004 | novembre 2021 | mars 2022 | août 2023 | point de départ : 2024

15 Remettez les mots dans l'ordre pour former des phrases.

a. très intense / Il avait fait / partir / un entraînement / de / faire le tour / avant / du monde.

b. de l'argent. / une / elle a économisé / Avant / maison / acheter / d' / grande

c. de / Après / il a choisi / du monde, / quitter / son tour / son appartement.

d. le grec. / partir / en Grèce, / de / elle a décidé / d'apprendre / Avant

16 Complétez les phrases avec les mots dans les étiquettes.

piqûre | chute | fracture | blessure | brûlure | coupure

a. Elle est tombée sur le sol.
→ Elle a fait une _____

b. Elle n'a pas mis de crème solaire et le soleil l'a brûlée.
→ Elle a une _____

c. Elle s'est fait mal.
→ Elle a une _____

d. Il s'est cassé le bras.
→ C'est une _____

e. Il s'est fait piqué par une abeille.
→ C'est une _____

f. Il s'est coupé le doigt avec une feuille de papier.
→ C'est une _____

2 Avant de partir

17 Associez chaque photo à la phrase correcte, puis complétez avec le bon mot.

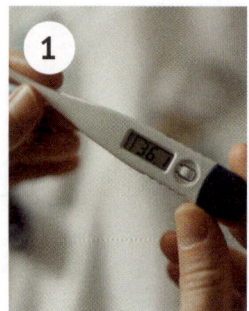 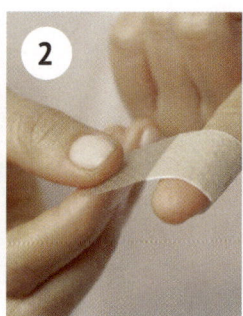  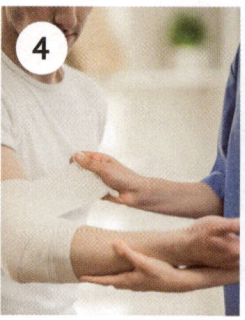 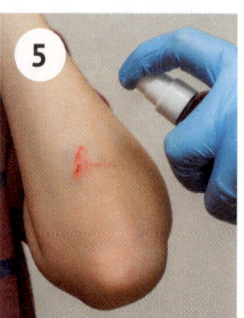

a. J'ai mal à la tête, tu n'aurais pas un .... de paracétamol ?

b. Mon fils est malade. Je vais chercher le .... pour prendre sa température.

c. Il s'est coupé avec une feuille de papier, mais il a mis un ....

d. L'infirmier a mis une .... sur sa blessure.

e. Mets du .... sur ta blessure, c'est important de la nettoyer.

18 Lisez les phrases et classez-les dans la bonne colonne.

a. Je me suis fait piquer par un moustique.

b. Je me suis cassé les deux jambes.

c. Je suis tombée dans la piscine mais je ne me suis pas fait mal.

d. Je me suis coupé avec un petit coquillage. Ce n'est rien !

e. Je me suis brûlé les mains et les bras avec le four. Je suis à l'hôpital.

f. J'ai pris un petit coup de soleil sur l'épaule droite à la plage.

Ce n'est pas très grave.	C'est très grave.

19 Écrivez un texte sur le thème « les problèmes en vacances » à l'aide des phrases de l'activité précédente. (environ 50 mots)

....

....

....

....

....

20 Lisez le récit de Karim sur son blog et répondez aux questions.

Le blog de Karim

À propos de moi | Mes passions | Mes voyages | **Mes malheurs**

Chez mon frère...

Je me souviendrai toute ma vie de mon week-end chez mon frère en Provence ! D'abord, j'ai raté le train parce que je me suis perdu dans les couloirs du métro à Paris. Je suis arrivé exactement deux minutes après le départ du TGV. J'ai dû prendre le train suivant. Ça, ce n'est pas très grave. J'ai prévenu mon frère du retard. Je suis arrivé à Avignon, mais j'avais oublié que le TGV n'arrive pas à la gare normale, il arrive à la gare TGV. Évidemment, mon frère ne m'attendait pas dans la bonne gare pour m'accueillir. Quand j'ai compris mon erreur et que j'ai voulu l'appeler, j'ai réalisé que j'avais laissé mon sac dans le train. Mais, heureusement, un monsieur très gentil était en train de me chercher pour me donner mon sac. Mon frère est arrivé et nous sommes allés chez lui. Le soir, je me suis fait piquer par des moustiques. C'était insupportable ! Je me faisais tellement piquer qu'on n'a pas pu manger dehors. Et le lendemain, comme il faisait super beau, on a passé la journée à la piscine. Mon frère a une super piscine, mais il ne met pas de parasol près de l'eau. Je n'avais pas de crème solaire, vous imaginez mon état ? Ma peau était toute brûlée... Au retour, je n'ai pas raté le train mais je me suis fait voler ma place par une dame, mais ça, ne n'est pas grave du tout, parce que j'ai pris sa place ! Et vous, vous avez déjà passé un mauvais week-end ? 😫

a. Karim a passé un excellent week-end en Provence. ○ Vrai ○ Faux

b. Karim a raté...
   ○ le métro.   ○ le train.   ○ l'avion.

c. Karim s'est fait voler son téléphone portable devant la gare. ○ Vrai ○ Faux
   Justification : ....

d. Qu'est-ce que Karim a trouvé insupportable chez son frère ?
   ○ La température.   ○ Les moustiques.   ○ Les repas.

e. Karim a pris un coup de soleil. ○ Vrai ○ Faux
   Justification : ....

f. Au retour, Karim n'a pas pris le bon train. ○ Vrai ○ Faux

21 Écrivez le récit d'un mauvais week-end. Utilisez au moins trois des problèmes de l'activité précédente. (environ 80 mots)

2 Avant de partir

PHONÉTIQUE

22 🔊 09 ≈ SON Écoutez les phrases et écrivez dans les crochets le son que vous entendez pour la graphie X : [z], [ks], [s], [gz] ou rien.

   a. « Chez maman » est un ex**c**ellent restaurant. [*ks*]
   b. Ce magasin ferme le vendredi et le samedi à di**x** heures du soir. [ ]
   c. Mes deu**x** amies veulent voyager au Me**x**ique pour les vacances. [ ][ ]
   d. Huit mille euros pour cette croisière, c'est vraiment e**x**cessif ! [ ]
   e. Combien de tomates ? J'en veu**x** si**x**, s'il vous plaît. [ ][ ]
   f. Je suis un peu nerveu**x**, demain, j'ai un e**x**amen difficile. [ ][ ]
   g. Le médecin m'a conseillé de faire plus d'e**x**ercice. [ ]
   h. Dimitri est un e**x**patrié russe. [ ]
   i. Elle voudrait se teindre les cheveu**x** en bleu. [ ]

23 🔊 10 ≈ SON Écoutez les phrases suivantes, puis lisez-les à voix haute.

   a. Cette taxe fixe excessive est fixée exprès à Aix par le fisc.
   b. Le fisc fixe exprès chaque taxe fixe exclusive au luxe et à l'exquis.
   c. J'examine cet axiome de Xavier sur les axes de l'expatriation.
   d. Je suis exagérément exaspéré. Malgré vos explications, vous êtes vraiment sans excuse.
   e. Xavier joue de son xylophone mexicain.

24 🔊 11 ≈ SON Écoutez ce dialogue et répétez-le en marquant le rythme de deux syllabes : ta taaa (une syllabe courte et une syllabe longue).

   • Bonjour Nicole, ça va ?
   ○ Très bien, et toi ?
   • Comme ça !
   ○ Pourquoi ?
   • J'ai mal !
   ○ Mais où ?
   • Aux pieds.
   ○ Ma pauvre !

25 🔊 12 ≈ SON Écoutez la phrase suivante et soulignez les groupes de souffle qui ont deux syllabes.

Demain, dès le matin, nous irons à la plage pour voir le lever du soleil. J'adore le soleil quand il sort, tout rouge, de la mer. C'est un très beau spectacle.

26 Trouvez six autres groupes de souffle qui ont deux syllabes.

Exemple : *Bonsoir, très bien, au revoir, vas-y.*

3 Faut que je bosse !

Audios sur espacevirtuel

---

1 Associez chaque secteur d'activité au métier correspondant et à la bonne photo.

industrie • • aide-soignant/e •

commerce • • vendeur/euse •

service aux particuliers • • ouvrier/ère •

agriculture • • contrôleur/euse qualité •

construction • • agriculteur/trice •

service aux entreprises • • expert/e comptable •

---

2 Lisez les définitions et écrivez le bon mot ou la bonne expression.

a. L'argent que l'État donne pour aider une personne qui cherche un emploi :
   les allocations chômage
b. Un synonyme familier de « travailler » :
c. Une personne qui travaille dans une entreprise :
d. Quand on travaille depuis chez soi :
e. L'argent que vous recevez de votre employeur/euse pour le travail effectué :
f. Quand quelqu'un n'arrive plus à travailler à cause du stress au travail :
g. Chercher des personnes pour travailler dans une entreprise :

3 Faut que je bosse !

3 Associez les phrases et réécrivez-les avec **alors**, **donc**, ou **c'est pour ça / cela que**.

a. Elle est passionnée par la cuisine.
b. Dans l'agriculture, les conditions de travail sont difficiles.
c. Les horaires de travail sont flexibles.
d. Il est actuellement à la recherche d'un stage dans le tourisme.
e. Les employés n'avaient pas les compétences technologiques pour télétravailler.

1. Il y a de moins en moins de candidats.
2. Il a préparé sa lettre de motivation et son CV.
3. L'entreprise a dû trouver un formateur en numérique.
4. Elle fait une formation professionnelle pour devenir cuisinière.
5. Les employés peuvent mieux concilier vie professionnelle et vie personnelle.

4 Cause ou conséquence ? Soulignez la bonne réponse.

a. Elle a fait un burn-out au travail **parce qu'** / **du coup** elle a été arrêtée pendant un an.
b. Il a décidé de changer de métier **car** / **alors** il a fait une reconversion professionnelle.
c. Luc a travaillé à temps partiel pendant des années **parce que** / **alors** ses enfants étaient très jeunes.
d. Je n'arrivais pas à trouver un emploi stable en France **car** / **c'est pour cela que** je suis partie gagner ma vie au Canada.
e. Je suis le candidat idéal **car** / **donc** je suis une personne bien organisée et autonome.
f. Notre entreprise n'a pas les moyens de payer plus les employés **donc** / **puisque** nous avons du mal à recruter.

5 Qu'exprime le verbe **falloir que** ? Associez les dialogues à un des mots des étiquettes.

contrainte   recommandation

- Mes horaires étaient bien mieux dans mon ancien travail. Là, je finis super tard et je suis rarement chez moi avant 20 h.
○ Il faut que tu prennes des vacances pour te reposer.
- Ah non, je n'ai pas le temps.

- Il faut que vous signiez ce document sans faute.
○ D'accord, je vais le relire attentivement et je le signe.

- Vous avez besoin du dossier pour quand ?
○ Nous avons une réunion avec les clients demain matin, il faudrait que vous finissiez ce projet avant la fin de la journée.

6 🔊 13 Écoutez et cochez le problème de chaque personne.

	Paul	Antoine	Yasemine	Elif	Gaspard
a. Difficultés à s'exprimer en anglais					
b. Problèmes d'argent					
c. Ne trouve pas de travail					
d. Manque d'équilibre entre vie professionnelle et vie personnelle					
e. Seul/e dans son service					

7 Reformulez les problèmes des personnes de l'activité précédente à l'aide des expressions dans les étiquettes.

| a du mal à | n'arrive pas à | est incapable de | n'a pas les moyens de | a des difficultés à |

Paul _____

Antoine _____

Yasemine _____

Elif _____

Gaspard _____

8 Rédigez un paragraphe sur vos difficultés au travail. Aidez-vous des images si besoin.

_____

_____

_____

_____

9 Conjuguez les verbes entre parenthèses au subjonctif présent.

a. Il faut que tu (**prendre**) _____ l'avion ce matin si tu ne veux pas rater la réunion.
b. Il faut que vous (**finir**) _____ les bulletins de paie avant demain.
c. Il faudrait qu'il (**négocier**) _____ son salaire s'il veut gagner plus d'argent.
d. Il faut que je (**parler**) _____ avec mon patron.
e. Il faudrait que tu (**travailler**) _____ sur ce dossier en priorité.
f. Il faut que nous (**apprendre**) _____ l'espagnol pour travailler dans cette entreprise.
g. Il faudrait que les employeurs (**assurer**) _____ des horaires stables à leurs salariés.

10 Remettez dans l'ordre les paragraphes pour reconstituer la lettre de motivation de Léa.

a. Après un stage comme responsable communication chez MédiaNet, j'ai travaillé trois ans chez Euroweb où j'ai créé avec succès des vidéos de marketing pour les réseaux sociaux dans le but d'améliorer l'image de l'entreprise.

b. Mes expériences professionnelles m'ont permis de développer des compétences et des connaissances en communication sur les réseaux sociaux. J'ai une excellente maîtrise d'Instagram et de X (ancien Twitter), et je comprends bien les tendances du marché dans le domaine de la communication digitale. Je suis organisée et créative, cela m'aide à créer des contenus intéressants.

c. Je reste à votre disposition pour toute information ou pour convenir d'un entretien. Je vous prie d'agréer, Madame, Monsieur, mes salutations distinguées. Cordialement.

d. Candidature au poste de responsable communication - réseaux sociaux

e. Je suis intéressée par ce travail dans votre entreprise car j'aime votre approche plus inclusive et le dynamisme de vos équipes. Je suis sûre que mon expérience me permettra de contribuer efficacement aux projets de votre entreprise.

f. Actuellement à la recherche d'un emploi, je vous adresse ma candidature pour le poste de responsable communication - réseaux sociaux au sein de votre entreprise.

1. L'objet de sa demande : _____
2. Sa situation actuelle : _____
3. Ses compétences professionnelles : _____
4. Son parcours professionnel : _____
5. Son intérêt pour l'entreprise : _____
6. Formule de politesse : _____

11 Listez à un/e ami/e les conditions pour travailler aux Championnats du monde d'athlétisme.

PARTICIPEZ AU PLUS GRAND ÉVÈNEMENT SPORTIF DE L'ANNÉE !
Les Championnats du monde d'athlétisme 2025 recrutent des serveurs et des serveuses dans la restauration pour les compétitions de sport.

Pour rejoindre notre équipe, vous devez :
→ être adulte au 1ᵉʳ juillet 2025
→ accepter de travailler à temps plein (35 h/semaine)
→ travailler dans l'animation ou la restauration
→ parler anglais (une autre langue étrangère serait un plus)
→ apprécier le travail en équipe et le contact client

Il faut que tu _____

12 a. 🔊 14 Écoutez la présentation d'Edgar Grospiron et entourez dans son CV les informations entendues.

Nom et prénom : Grospiron, Edgar
Adresse : Annecy
Téléphone : 06 79 12 68 81
Mail : edgar.grospiron@gmail.fr

CURRICULUM VITAE

Compétences

- Communication efficace
- Motivation et leadership
- Gestion du stress

Centres d'intérêt

- Sports
- Voyages
- Lecture

Parcours sportif

1992 ▶ Médaille d'or en ski de bosses aux Jeux olympiques d'hiver à Albertville (France).

1995 ▶ Médaille d'or en ski acrobatique aux Championnats du monde à La Clusaz (France).

1991-1996 ▶ Plusieurs victoires en Coupe du monde de ski de bosses.

Expérience professionnelle

Depuis 1997 ▶ Conférencier et consultant en entreprise.

Depuis 1998 ▶ Commentateur sportif pour différentes chaînes de télévision.

Depuis 2007 ▶ Impliqué dans des associations sportives pour la jeunesse.

Formation

Diplôme en Sciences et Techniques des Activités Physiques et Sportives (STAPS)

b. 🔊 14 Écoutez la présentation une nouvelle fois et complétez le texte à l'aide du CV.

Il s'appelle _____. Il a fait _____ dans le sport, en STAPS.

Il a commencé _____ dans le ski de bosses. Il a été plusieurs fois _____ du _____ de ski de bosses entre 1991 et 1996.

Depuis 2007, il _____ dans des _____.
Aujourd'hui, il est aussi _____ et _____ sportif.

---

13 Présentez le parcours professionnel d'une célébrité. Faites des recherches si nécessaire.

3 Faut que je bosse !

14 Remettez les mots dans l'ordre pour exprimer le but.

a. afin de / sur l'entreprise / Tu as / fait / préparer / des recherches / ton entretien.

b. ce poste. / J'ai suivi / obtenir / une formation / pour

c. cette mission / vos compétences. / dans le but / Vous avez accepté / d'améliorer

d. professionnelle. / Elle a postulé / de l'expérience / pour / à / avoir / ce stage

15 Finissez les phrases suivantes avec les expressions du but.

a. Cette agence de voyages embauche des salariés _____
b. Je suis en train de suivre une formation _____
c. Nous avons organisé des entretiens _____
d. Elle a préparé son CV _____
e. Il a postulé à ce stage _____

16 Complétez le dialogue avec les expressions de l'opportunité dans les étiquettes.

| Ça m'a donné l'opportunité de | J'ai pu | j'ai eu l'occasion de | cela m'a permis de |

- Salut Noémie, est-ce que tu es déjà allée au Japon ?
- Oui, deux fois et _____ faire des stages de marketing.
- Quelles compétences as-tu développées pendant tes stages ?
- _____ développer ma créativité et mon autonomie.
- Est-ce que le Covid a changé tes habitudes de travail pendant ton stage ?
- Oui, _____ télétravailler trois fois par semaine.
- Et à ton retour, qu'as-tu fait ?
- _____ trouver un travail dans mon secteur d'activité.

17 🔊 15 Écoutez l'interview d'Ali et répondez aux questions.

a. Quel était le métier d'Ali ?
  ○ Professeur de musique.   ○ Professeur de français.   ○ Professeur d'anglais.
b. Ali était très satisfait de sa routine et de son travail.   ○ Vrai   ○ Faux
c. Qu'est-ce qu'une année sabbatique ?
  ○ Une année intensive de travail.
  ○ Une année de pause dans une carrière.
  ○ Une formation en alternance.
d. Pourquoi Ali a-t-il choisi de prendre une année sabbatique ? (2 raisons)

e. Que fait Ali aujourd'hui ?

18 Aimeriez-vous prendre une année sabbatique ? Pour quelles raisons et dans quel(s) but(s) ?

....

....

....

....

19 Lisez le texte et répondez aux questions.

Le *ghosting* : un nouveau phénomène dans le monde du travail…

Le *ghosting* est un mot anglais qui signifie fantôme. Dans le milieu professionnel, c'est quand un candidat ou un recruteur décide de couper toute forme de communication sans donner d'explications. Le professionnel et le candidat se rencontrent durant un entretien, ils discutent du poste (le salaire, les horaires, etc.) et s'accordent même sur une date pour commencer le travail. Soudain, le candidat arrête de répondre aux appels et aux messages du recruteur. Il disparaît comme un fantôme…

Le phénomène du *ghosting* est courant dans les secteurs d'activités qui ont du mal à recruter. En effet, les métiers de l'informatique et du bâtiment sont les premiers visés car les candidats sont rares… Ils se permettent donc d'être plus exigeants et même parfois moins respectueux !

En 2019, une étude du cabinet Mazars sur le bien-être au travail montre que la rémunération, les avantages du poste, ainsi que l'accueil et l'ambiance sur le lieu de travail sont autant d'éléments essentiels pour les nouvelles générations de travailleurs. Cela expliquerait pourquoi les candidats sont plus difficiles à recruter.

Pour d'autres personnes, c'est la longueur du recrutement qui est pointée du doigt. L'entreprise Michael Page explique qu'en moyenne un recrutement en France dure cinq semaines. Selon Valentin, c'est une évidence : « *Quand des employeurs appellent un candidat jusqu'à cinq ou six fois pour des entretiens, il ne faut pas qu'ils s'étonnent que les candidats s'impatientent.* »

a. Qu'est-ce que le *ghosting* dans le monde du travail ?
   ○ Un candidat qui ne répond plus aux messages du recruteur après un entretien.
   ○ Un candidat qui explique à un recruteur qu'il ne veut plus du poste.
   ○ Un candidat qui est directement embauché.
b. Pourquoi il y a beaucoup de *ghosting* dans certains secteurs professionnels ?
   ○ Parce que les conditions de travail ne sont pas attractives dans ces secteurs.
   ○ Parce que les candidats sont nombreux et qu'il y a une forte compétition.
   ○ Parce qu'il n'y a pas assez de candidats et qu'ils sont plus exigeants.
c. Selon les nouvelles générations, qu'est-ce qui est important pour le bien-être au travail ?
   ○ Salaire et taille de l'entreprise.
   ○ Salaire, ambiance au travail et intérêt du poste.
   ○ Avantages sociaux et opportunités de carrière.
d. Pour les candidats, le processus de recrutement dure longtemps.   ○ Vrai   ○ Faux

3 Faut que je bosse !

PHONÉTIQUE

20 Entourez les *y* et soulignez la lettre qui change de prononciation.

a. Elle doit bal**a**(y)er la cour avant de nett**o**(y)er le pavillon.
b. Nous payons le café et vous payez le dessert. Ça vous va ?
c. Si vous voulez, vous pouvez envoyer la facture par la poste.
d. Essuyez bien vos pieds avant d'entrer dans le salon.
e. Appuyez sur le bouton rouge si vous voulez payer en mensualités.
f. Vous égayez les journées de vos parents.
g. Essayez de ne pas vous noyer dans les problèmes des autres.

21 🔊 16 ≈ SON Écoutez les phrases et vérifiez vos réponses, puis lisez-les à voix haute.

22 Complétez l'encadré de rappel.

Quand la lettre *y* est précédée d'une voyelle, le son de cette voyelle est modifié.
- *ay* se prononce ....
- *oy* se prononce ....
- *uy* se prononce ....

23 🔊 17 ≈ SON Écoutez et cochez le son que vous entendez.

	[ej]	[waj]	[ɥij]
a.		✓	
b.			
c.			
d.			
e.			
f.			
g.			
h.			

24 🔊 18 ≈ SON Écoutez les phrases et indiquez si l'on parle d'un homme ou d'une femme.

	Homme	Femme
a.	✓	
b.		
c.		
d.		
e.		
f.		
g.		
h.		

4 À la une

Audios sur espacevirtuel

1 Remettez dans l'ordre les lettres des rubriques.

ÉÉTMO   NANATRINETIOL   URLTCUE   ITFAS IDERVS   EVENOULLS GINOCHTELOES

2 Associez les extraits de journaux aux rubriques de l'exercice précédent.

a. L'entreprise Apple a confirmé qu'elle dévoilera sa nouvelle version de l'iPhone en mars 2024. Le nouvel appareil, qui devrait s'appeler iPhone 15, sera doté d'un nouveau design.

Rubrique →

b. Le concert de Stromae à l'Accor Arena est un véritable succès. Le chanteur belge a conquis le public avec son nouveau spectacle, qui mêle musique, danse et théâtre.

Rubrique →

c. En Allemagne, une grève de six jours s'organise contre la nouvelle loi du travail.

Rubrique →

d. Un incendie a ravagé un immeuble de quatre étages à Marseille. L'incendie s'est déclaré dans un appartement du rez-de-chaussée.

Rubrique →

e. Une tempête de neige frappe le nord de l'Europe. Les chutes de neige sont abondantes et ont déjà provoqué des perturbations dans les transports et les communications.

Rubrique →

3 Entourez toutes les expressions qui expriment la surprise.

C'est pas vrai !   Pourquoi pas !   C'est incroyable !
Sérieux ?   Non merci !   Je n'y crois pas !   Je ne pense pas !
Je n'aime pas du tout !   C'est vrai ?   Avec plaisir !
C'est épuisant !   Je n'en reviens pas !   C'est fou !

4 À la une

4 Associez les éléments pour former des phrases qui ont du sens.

a. Je fais confiance aux médias,
b. Je suis au courant de l'actualité,
c. J'ai l'impression d'être mal informé,
d. Je me sens bien informé,
e. Je ne fais pas confiance à tous les médias,
f. Je consulte les infos tous les jours,

☐ je sais ce qui se passe autour de moi, mais je ne suis pas un expert.
☐ je veux tout le temps savoir ce qui se passe dans mon pays.
☐ il y a trop d'informations et je suis perdu.
☐ ce sont des professionnels qui ont l'habitude de traiter l'information.
☐ je prends le temps de réfléchir aux informations que je reçois.
☐ ils peuvent publier des informations fausses ou incomplètes.

5 🔊 19 Écoutez les titres du journal puis retrouvez les rubriques correspondantes.

International (x2)   Société   Débat   Santé   Météo   Sport

Titre 1	
Titre 2	
Titre 3	
Titre 4	
Titre 5	
Titre 6	
Titre 7	

6 Associez les mots suivants aux définitions qui correspondent.

Une fausse information   La dernière minute   Les informations fiables   La une
La source   Les bonnes nouvelles   Le fil d'actualité   Le flash info   Les titres

a. .... : La première page d'un journal ou d'un magazine.
b. .... : Des phrases courtes qui annoncent les principales informations d'un journal ou d'un magazine.
c. .... : Les informations qui viennent d'être publiées.
d. .... : Les informations qui sont positives.
e. .... : Les informations qui sont vraies et vérifiées.
f. .... : La personne ou le média à l'origine des informations.
g. .... : Un ensemble d'informations sur les évènements actuels.
h. .... : Une information urgente qui est diffusée immédiatement.
i. .... : Une information qui ne dit pas la vérité.

7 Lisez le témoignage d'Adrien sur le forum ACTU et entourez la bonne proposition.

ACTU

Adrien 34 ans

Moi, je **suis l'actualité / fais confiance** de près. Je me renseigne régulièrement sur ce qui se passe dans ma région et en France. Je **m'informe / consulte** les infos tous les jours, à la télévision, à la radio, sur Internet et même dans les journaux.
J'ai l'impression d'être **bien informé / mal informé** quand je fais des recherches sur différents médias. Je pense qu'il est important **d'être au courant / de faire confiance** des évènements et de garder son esprit critique. En général, je fais confiance aux médias… Mais, parfois, je me sens **concerné / dépassé** par les informations, je ne peux pas me concentrer sur une information parce qu'il y en a trop. Je n'arrive même pas à **partager / me faire une opinion** sur des sujets d'actualité importants comme la hausse des prix ou encore le manque d'eau. Je me sens **submergé / confiant** par la quantité d'informations.

8 Et vous, faites-vous confiance aux médias ? Pourquoi ? Répondez à ces questions à l'aide du vocabulaire de l'exercice précédent.

....

....

....

....

9 Transformez les phrases au discours direct. Faites les changements nécessaires.

a. Le journaliste a demandé pourquoi le gouvernement avait pris cette décision.
....

b. Il a déclaré qu'ils allaient publier un article intéressant.
....

c. Les experts ont affirmé que les températures devraient augmenter d'ici quelques années.
....

d. On a entendu dire que le match serait reporté.
....

e. Le directeur a annoncé que l'entreprise préparait un nouveau produit.
....

10 Complétez avec le verbe introducteur le plus approprié. Conjuguez-le au passé composé.

| expliquer | confirmer | annoncer | préciser | déclarer |

a. Angèle .... qu'elle allait sortir un nouvel album l'année prochaine.

b. Le médecin .... que tu devais prendre tes médicaments avant de manger.

c. L'employé .... que la livraison aurait lieu dans la journée.

d. Les organisateurs .... que la Coupe du monde se déroulerait au Canada.

e. L'avocat .... que son client n'avait jamais menti.

4 À la une

11 Mettez au discours rapporté les paroles suivantes.

    a. « Les manifestants s'opposent au nouveau projet du gouvernement », a rapporté le correspondant.

    ....

    b. « Les acteurs recevront un prix lors de la prochaine cérémonie des Oscars », a indiqué le chroniqueur.

    ....

    c. « De fortes pluies vont tomber dans le nord du pays ce week-end », a annoncé le journaliste.

    ....

    d. « Les acteurs ont reçu un prix pour leur interprétation », a précisé le chroniqueur.

    ....

    e. « Soyez vigilants sur Internet », a dit l'animateur radio.

    ....

12 Conjuguez les verbes dans les phrases au discours rapporté. Attention à la concordance des temps.

    a. Le PDG a déclaré : « L'entreprise a réalisé ses objectifs annuels. »
      → Le PDG a déclaré que l'entreprise (**réaliser**) .... ses objectifs annuels.

    b. L'écrivain a affirmé : « Je travaillerai bientôt sur mon nouveau roman. »
      → L'écrivain a affirmé qu'il (**travailler**) .... bientôt sur son nouveau roman.

    c. Les employeurs leur ont dit : « Reposez-vous ce week-end. »
      → Les employeurs leur ont dit (**se reposer**) .... ce week-end.

    d. Tu as précisé : « Les films historiques s'inspirent de faits réels. »
      → Tu as précisé que les films historiques (**s'inspirer**) .... de faits réels.

    e. Elle a dit : « Le train arriverait ce matin à la gare de Lyon. »
      → Elle a dit que le train (**arriver**) .... ce matin à la gare de Lyon.

13 Transformez les paroles de cette chercheuse au discours rapporté au passé.

« Aujourd'hui, nous vous annonçons que nous avons fait une importante découverte dans le domaine de la recherche médicale. Nous avons réussi à trouver une nouvelle thérapie contre le cancer. Cette thérapie, qui est basée sur une approche innovante, a montré des résultats très prometteurs dans les essais cliniques. Cette nouvelle découverte pourrait changer la vie de millions de personnes atteintes de cette maladie. Ce traitement offrira une nouvelle option plus efficace et moins toxique que les traitements actuels. »

Hier, les chercheurs/euses...

....
....
....

14 🔊 20 Écoutez le dialogue et cochez vrai ou faux. Corrigez les affirmations fausses.

	Vrai	Faux
a. Philippe a entendu parler d'une bonne nouvelle. Justification :		
b. Alban a vu la nouvelle hier soir à la télé. Justification :		
c. À la télévision, on dit que le gouvernement veut interdire l'accès à Internet aux moins de 18 ans. Justification :		
d. Les collègues d'Alban et Philippe ne parlent pas de cette nouvelle. Justification :		
e. Alban pense que la rumeur est vraie. Justification :		
f. Alban propose de se renseigner sur la source de l'information. Justification :		

15 Conjuguez les verbes entre parenthèses au conditionnel passé.

L'Homme rouge du palais des Tuileries

L'Homme rouge (**hanter**) _aurait hanté_ le palais des Tuileries. Les habitants du palais l'(**voir**) _____ la nuit, vêtu d'une cape rouge et d'un chapeau pointu. Il (**avoir**) _____ le visage brûlé.

L'histoire de l'Homme rouge remonte au XVIIe siècle. On raconte que le roi Louis XIII (**rencontrer**) _____ le fantôme.

Le roi (**être**) _____ tellement effrayé qu'il (**construire**) _____ une église dans le palais.

Au fil des siècles, de nombreuses personnes (**affirmer**) _____ avoir vu l'Homme rouge. Certains témoins effrayés (**entendre**) _____ l'homme parler ou rire.

En 1871, un terrible incendie a détruit le palais des Tuileries et on raconte que l'Homme rouge (**disparaître**) _____ cette nuit-là.

16 Réagissez avec surprise aux informations suivantes, comme dans l'exemple.

a. Rihanna a annulé son concert à Paris à la dernière minute.
C'est fou ! C'est la deuxième fois cette année !

b. Le ministre de l'Éducation a annoncé que les vacances d'été seront décalées.
_____

c. Tu as vu le tsunami en Asie du Sud-Est ?
_____

d. Il paraît que les fleurs poussent plus vite quand elles entendent de la musique !
_____

e. Le patron de YouTube a déclaré qu'il allait rendre l'application payante.
_____

f. Tu as entendu parler de cet homme qui a trouvé un serpent dans son salon ?
_____

4 À la une

17 🔊 21 Écoutez ces informations et cochez si elles sont confirmées ou non.

	Informations confirmées	Informations non confirmées
a.		
b.		
c.		
d.		
e.		
f.		
g.		
h.		

18 🔊 21 Écoutez à nouveau les informations de l'activité précédente et entourez le temps correct.

a. Conditionnel présent / présent
b. Imparfait / conditionnel passé
c. Futur / conditionnel présent
d. Passé composé / conditionnel présent
e. Conditionnel passé / futur
f. Conditionnel passé / passé composé
g. Passé composé / conditionnel présent
h. Conditionnel passé / futur

19 Lisez ces rumeurs écrites en 2022 et réécrivez-les au conditionnel passé.

5 DANGERS DE LA 5G

→ La **5G** cause des maux de tête.
→ La **5G** provoque de graves maladies chez de nombreuses personnes.
→ La **5G** est utilisée pour contrôler les gens.
→ La **5G** change la météo.
→ La **5G** perturbe les appareils électroniques.

STOP 5G

20 Lisez cet article et cochez les informations correctes.

Légende

Un fantôme à Paris, rumeur ou vraie info ?

Place des Vosges, à Paris

Drôle d'histoire ce mardi dans le quartier de la place des Vosges ! Depuis quelques jours, des rumeurs circulent sur l'apparition d'un fantôme dans ce célèbre quartier de Paris.

Le phénomène a commencé vers minuit, le 20 décembre, quand les habitants ont entendu des bruits étranges qui venaient de l'extérieur. Les témoins ont annoncé avoir vu une ombre inconnue se déplacer dans les rues de la ville. Ils ont aussi affirmé que le fantôme était très grand et transparent.

La police locale a précisé qu'elle ne pouvait pas confirmer l'existence du fantôme. Mais elle a demandé aux habitants de rester prudents et de ne pas sortir la nuit. Le maire de la ville a ajouté que la police était en train d'enquêter sur ces rumeurs et qu'elle prenait ces témoignages très au sérieux. Le ministre de l'Intérieur et la police ont aussi indiqué qu'ils enquêteraient activement pour déterminer si ces apparitions sont réelles ou si ce sont des canulars.

Cette histoire a attiré l'attention des habitants de toute la région, qui se sont rassemblés sur les places publiques pour essayer de voir le fantôme. Ils ont déclaré qu'ils avaient vu des ombres mais aucun d'entre eux n'a pu apporter de preuves réelles.

Photo du fantôme de Paris, le 23 décembre 2000

Le phénomène est toujours en cours d'enquête et la police a demandé aux médias de ne pas publier d'informations inexactes ou exagérées pour éviter de provoquer la panique. Le commandant Julliard a précisé qu'il encourageait vivement les habitants à le contacter s'ils avaient des informations utiles et fiables pour l'enquête.

Lucie Vassin

- ○ Des habitants ont aperçu un fantôme dans Paris.
- ○ Des habitants ont entendu des bruits dans leurs maisons.
- ○ Le fantôme était petit et transparent.
- ○ La police a confirmé la présence d'un fantôme dans Paris.
- ○ Les policiers ont demandé aux habitants de faire attention.
- ○ Les autorités n'ont pas pu enquêter car il n'y avait pas assez d'informations.
- ○ Des habitants de toute la région se sont réunis pour voir le fantôme.
- ○ Les habitants ont trouvé des preuves de l'existence du fantôme.
- ○ Les médias sont autorisés à donner des fausses informations.
- ○ Les habitants peuvent contacter la police s'ils observent des évènements suspects.

21 Vous êtes journaliste et vous devez écrire une courte légende pour la rubrique faits divers de votre journal. (100 mots environ)

4 À la une

PHONÉTIQUE

22 🔊 22 ≈ SON Écoutez l'enregistrement et soulignez quand vous entendez le son [s].

Une bonne partie des Français sentent qu'il y a trop d'informations à la télévision et sur Internet. Les nouvelles se répètent sans cesse dans les journaux télévisés et sur les espaces informatifs d'Internet.

On a tendance à dire : « trop d'information tue l'information », mais les médias saturent, avec les mêmes images et vidéos répétées cent fois, tous les espaces informatifs des chaînes, aussi bien en ligne qu'à la radio et à la télévision. Cette profusion de répétitions agace une bonne partie des auditeurs.

L'excès d'informations, souvent sur des faits graves, peut être considéré comme une nouvelle forme de pollution à laquelle nous sommes tous exposés, y compris les enfants et les adolescents qui possèdent de plus en plus de smartphones.

23 🔊 23 ≈ SON Écoutez et cochez les phrases qui expriment la surprise.

- **a.** Sérieux ? Il a osé dire ça ? ○
- **b.** Elle est partie sans nous dire au revoir. ○
- **c.** Ah bon ? Tu ne prends que ça ? ○
- **d.** Nous n'avions pas envie de regarder ce film. ○
- **e.** C'est vrai ? Il a le droit de faire ça ? ○
- **f.** Incroyable ! Et tu ne m'as rien dit ! ○
- **g.** Je ne peux pas croire qu'il vende cette maison. ○

24 Répétez les phrases qui expriment la surprise et écrivez-en quatre autres.

1. .... 3. ....
2. .... 4. ....

25 🔊 24 ≈ SON Écoutez et mettez une barre (/) pour séparer les groupes de souffle de trois syllabes.

- **a.** Mes amis / vont aller / au café. /
- **b.** Le français est une très jolie langue.
- **c.** Si tu veux, nous pouvons déjeuner.
- **d.** Mercredi est un jour difficile.
- **e.** Écoutez l'émission de demain.
- **f.** Affinez un peu plus le projet.
- **g.** Mes parents sont venus à Paris.

26 Répétez les phrases de l'activité précédente en marquant le rythme de trois syllabes.

5 Les uns et les autres

Audios sur **espacevirtuel**

---

1 Associez chaque mot à la bonne image.

a. la vaisselle   b. le barbecue   c. la cuisine   d. les fournitures

e. le ménage   f. la machine à laver   g. la valise   h. les vêtements

---

2 Écrivez une phrase pour décrire ce que les personnes font dans l'exercice précédent.

a.
b.
c.
d. *La mère s'occupe des fournitures de sa fille.*
e.
f.
g.
h.

trente-sept 37

5 Les uns et les autres

3 Transformez les phrases avec **c'est / ce sont... qui / que**.

a. Les enfants souffrent du stress de la rentrée scolaire.
Ce sont les enfants qui souffrent du stress de la rentrée scolaire.

b. Les femmes ont souvent assumé la plus grande part des tâches domestiques.

c. Les hommes sont associés à des tâches extérieures comme le jardinage.

d. L'homme serait le moins exposé à la charge mentale dans un couple.

e. En général, la femme consacrerait en moyenne 2 heures par jour aux enfants.

f. La répartition des tâches ménagères n'est pas très égalitaire.

4 Lisez les phrases et soulignez en rouge les verbes à l'indicatif, en bleu les verbes au conditionnel et en vert les verbes au subjonctif présent.

a. J'ai peur qu'il prenne l'avion tout seul. Il a seulement quinze ans.
b. Helena est en colère. Elle préférerait que sa mère garde ses reproches pour elle.
c. Si elle était riche, elle voyagerait dans l'espace. Quelle bonne idée !
d. Nous ne sommes pas contentes que nos amies ne nous disent pas la vérité.
e. Ça me rend triste que tu ne puisses pas venir. Tu vas me manquer.

5 Réécrivez chaque phrase à l'aide de l'étiquette qui l'accompagne, comme dans l'exemple.

a. Son frère a de mauvaises manières à table. → Elle aimerait que...
Elle aimerait que son frère ait de bonnes manières à table.

b. Ses enfants sont irrespectueux avec leurs grands-parents. → Il aimerait que...

c. Tu es très énervée à cause du retard du médecin. → Ça m'embête que...

d. Mes neveux ont de mauvaises notes à l'école. → Il faut que...

e. Elle regarde la télévision tard le soir. → Ils ne veulent pas qu'...

f. Les garderies ne peuvent pas appeler les parents. → Ça l'agace que...

g. Tu as la grippe depuis une semaine. → Je suis désolée que...

6 Observez les affiches de cette campagne contre les inégalités femmes-hommes et décrivez-les.

....
....
....
....

7 Regardez les deux affiches une nouvelle fois et complétez le texte avec les étiquettes.

`20 %` `salaire` `majorité (x2)` `100 %` `80 %` `17 %`

Le Laboratoire de l'Égalité présente une nouvelle campagne de communication pour sensibiliser le public aux inégalités femmes-hommes.

Selon ces affiches, ce sont les femmes qui s'occupent en .... des tâches domestiques. Si les femmes font .... des tâches ménagères, seulement .... de l'activité domestique repose sur les hommes.
D'après le Laboratoire de l'Égalité, on observe .... d'écart de .... entre les hommes et les femmes. Le Laboratoire de l'Égalité est préoccupé par cette différence de salaire. La .... des femmes sont donc moins bien payées que les hommes. Pour le Laboratoire de l'Égalité, cela représente .... d'inégalités.

8 Associez les débuts et les fins de phrases (plusieurs réponses possibles).

a. Il a peur
b. Je préférerais
c. Tu es contente
d. Elle est fière
e. Je suis heureuse
f. Ils sont embêtés

☐ de revoir mes petits-enfants.
☐ que son fils ait eu 20/20 en maths.
☐ que leur fille passe son temps devant la télé.
☐ que sa fille prenne de mauvaises habitudes chez ses grands-parents.
☐ que tes neveux soient aussi respectueux.
☐ que ma belle-mère garde ses réflexions pour elle.

5 Les uns et les autres

9 Mettez les verbes à l'infinitif ou au subjonctif présent. Qui dit quoi ?

a. Je suis heureuse que ma fille (**être**) _____ stricte avec sa fille, Samaha. J'ai souvent peur d'(**être**) _____ trop laxiste quand elle vient me voir. Je suis contente qu'elle (**pouvoir**) _____ grandir dans un cadre familial stable.

b. Je suis fière d'(**avoir**) _____ une fille aussi bien élevée. Ça me rend triste de (**critiquer**) _____ les enfants de mon frère mais ça m'énerve que ses enfants (**avoir**) _____ le droit de regarder la télévision pendant le repas.

c. Je suis heureuse de (**pouvoir**) _____ aller chez ma grand-mère cet été. La seule chose qui m'agace c'est quand mes cousins viennent aussi. Je suis triste qu'ils (**être**) _____ si insupportables avec notre grand-mère.

10 🔊 25 Écoutez ces phrases et cochez la bonne réponse.

	Sentiment positif	Sentiment négatif		Sentiment positif	Sentiment négatif
a.			d.		
b.			e.		
c.			f.		

11 Exprimez vos sentiments sur le comportement de vos ami(e)s à l'aide des étiquettes.

être agacé/e   être énervé/e   être content/e   être fier/fière   être embêté/e

_____
_____
_____
_____

12 Entourez le pronom démonstratif correspondant.

Salut Amandine,
J'ai déménagé. Dans mon nouvel immeuble, il y a 6 appartements et donc plusieurs nouveaux voisins. Il y a d'abord Rémi, **celle / celui** qui habite juste en face de chez moi. Tu sais, je t'en ai parlé, c'est **celui / ceux** qui a un chien très mignon. Ensuite, il y a Antoine et Adel, **ceux / celle** qui vivent à côté de l'ascenseur. C'est **celui / ceux** qui décorent leur porte d'entrée pour les fêtes. Ils ont l'air plutôt cool. Et puis il y a **celle / celui** qui habite au dernier étage. C'est une femme qui a toujours de magnifiques plantes sur son balcon. Parmi les voisins, **ceux / celui** qui sont vraiment sympathiques, ce sont Adélaïde et Milo, au rez-de-chaussée. Ce sont **ceux / celui** qui disent bonjour à chaque fois qu'on se croise dans l'entrée. Enfin, il y a **celle / ceux** qui organise parfois des soirées le week-end.

13 🔊 26 Écoutez les messages des voisins et cochez les reproches que vous entendez.

- ○ Mettre la télévision trop fort
- ○ Faire des machines la nuit
- ○ Ne pas saluer ses voisins
- ○ Se disputer avec les enfants
- ○ Laisser la poubelle devant la porte
- ○ Marcher avec des talons
- ○ Appeler la police
- ○ Utiliser la mauvaise place de parking

14 🔊 26 Écoutez à nouveau les messages vocaux de l'exercice précédent. Complétez les phrases avec les étiquettes et reformulez les reproches avec les indications entre parenthèses.

| Sophie | André | Marjane | ~~Yanara~~ | Éloïse et Laurent |

a. _Yanara_ dit à sa voisine qu'elle (pouvoir / conditionnel passé) _aurait pu utiliser la bonne place de parking._

b. .... dit à son voisin qu'il (pouvoir / conditionnel présent)

c. .... explique à Anita qu'elle (devoir / conditionnel présent)

d. .... disent à leur voisine qu'elle (pouvoir / conditionnel passé)

e. .... reproche à Nicolas d'avoir appelé la police, il (devoir / conditionnel passé)

15 Rédigez un article sur le thème « les pires voisins » à l'aide des images. Utilisez les pronoms démonstratifs.

Parmi les pires voisins, il y a...

Le pire voisin, c'est...

La pire voisine, c'est...

5 Les uns et les autres

16 Complétez les phrases avec les verbes **devoir** et **pouvoir** au conditionnel présent ou conditionnel passé.

a. Il (**devoir**) .... jeter la poubelle hier soir. Ce matin, les déchets étaient encore devant la porte !

b. Les enfants (**pouvoir**) .... m'aider à faire les tâches ménagères cette semaine.

c. Ta fille (**pouvoir**) .... ranger sa chambre plus tôt si elle avait passé moins de temps devant la télévision.

d. Tu (**ne pas devoir**) .... passer tout ton temps à faire du bricolage dans le jardin. Les enfants se sentent seuls.

e. Les voisins (**ne pas devoir**) .... appeler la police, il y a deux jours. Ils (**pouvoir**) .... nous prévenir avant.

f. Nous (**pouvoir**) .... partir en vacances quelques jours.

17 Écrivez trois messages pour faire des reproches à votre colocataire.

Tu ne devrais pas

18 🔊 27 Écoutez et décrivez le comportement de chaque enfant à l'aide des étiquettes.

sage   mal élevé/e   bien élevé/e   insupportable

respectueux/euse   irrespectueux/euse

a. Baptiste ....

b. Kiara ....

c. Abel et Adam ....

d. Lise ....

e. Pablo ....

19 Lisez ce texte sur les problèmes de voisinage et répondez aux questions.

Les Français et leurs voisins

Un sondage de l'Ipsos, publié en 2018, avant la fête des Voisins montre que 85 % des Français/es s'entendent bien avec leurs voisin(e)s contre seulement 15 % qui ont de mauvaises relations. Quelle est la principale cause de ces conflits ? Quelles solutions existent ?

Les voisins ont parfois des comportements problématiques. Il y a celui qui fait des travaux bruyants tôt le matin ou celle qui a un chien qui aboie toute la journée. 42 % des Français qui habitent dans des appartements ont affirmé qu'ils avaient déjà eu des conflits avec leurs voisin(e)s à cause des nuisances sonores. Le bruit serait donc le premier motif des problèmes de voisinage. Parmi les bruits les plus gênants, il y aurait en première position les fêtes et les soirées incessantes (32 %), puis les disputes bruyantes (29 %).

Cependant, il y a toujours une solution !

La première étape est la communication bienveillante. Il faut discuter avec votre voisin/e tranquillement et exprimer clairement vos reproches. Il est important de garder un comportement respectueux. La majorité des Français des grandes villes déclarent changer leur comportement quand un/e voisin/e leur fait des reproches. Par exemple, 35 % affirment qu'ils proposent moins de soirées à leurs amis.

Puis si le dialogue échoue, vous pouvez contacter un médiateur. C'est lui qui va vous aider à formuler calmement vos sentiments et à écouter le point de vue de votre voisin/e. Vous trouverez ensemble des solutions.

Enfin, si la communication ne fonctionne pas, il reste la justice… En résumé, l'écoute et le bon sens sont essentiels pour résoudre les conflits de voisinage !

a. Quel est le principal motif de conflit entre voisins ?
- ○ Les déchets domestiques.
- ○ Les disputes sur les animaux de compagnie.
- ○ Les problèmes liés au bruit et aux comportements gênants.

b. Reformulez les phrases du texte.
32 % ....
29 % ....

c. Quel est le premier conseil donné pour résoudre les problèmes de voisinage ?
- ○ Appeler immédiatement la police.
- ○ Ignorer le problème pour éviter le conflit.
- ○ Engager une conversation polie avec son/sa voisin/e.

d. Quelle est la deuxième solution proposée si le premier conseil échoue ?

....

e. Associez les mots du texte à leur synonyme.

incessantes •	• trouver une solution
nuisances sonores •	• ne réussit pas
échoue •	• conciliateur
médiateur •	• bruits qui dérangent
résoudre •	• qui ne s'arrêtent pas

5 Les uns et les autres

PHONÉTIQUE

20 🔊 28 ≈ SON Écoutez et associez les phrases au sentiment transmis.

a. Je n'aime pas quand il fait cela ! •
b. Il a mangé tout le poisson ? •
c. C'est incroyable qu'il soit parti comme ça. •   • le bonheur
d. Je commence demain mon nouveau travail. •   • la tristesse
e. Ils vont bientôt arriver ! •   • la colère
f. Tu ne m'avais pas dit ça avant ! •   • la peur
g. Ils partent demain matin, très tôt. •   • la surprise
h. Mais non ! Elle n'a pas dit ça ! •
i. Nous devons passer par cette rue ? •

21 Répétez les phrases en respectant l'intonation indiquée. Si c'est possible, enregistrez-vous pour vérifier votre intonation.

22 🔊 29 ≈ SON Écoutez les dialogues et indiquez s'il s'agit d'un conseil ou d'un reproche. Puis jouez les dialogues avec une camarade. Faites attention à la prononciation et à l'intonation.

a. • Hier, Louise et moi, nous sommes allées voir un super film !
  ○ Quel film ?
  • *Oppenheimer*.
  ○ Vous auriez pu me prévenir. _____

b. • Ça fait une semaine que j'ai des maux de tête.
  ○ Tu as pris quelque chose ?
  • Des antidouleurs seulement.
  ○ Tu devrais aller chez le médecin. _____

c. • Mes notes ne sont pas très bonnes ces temps-ci.
  ○ Tu n'étudies pas assez ?
  • Je n'ai pas beaucoup de temps.
  ○ Tu pourrais t'organiser un planning quotidien pour étudier. _____

d. • Ma mère se plaint parce que je ne vais pas la voir.
  ○ Et elle a raison ?
  • Oui, un peu.
  ○ Tu devrais aller la voir de temps en temps. _____

e. • J'ai pris un kilo pendant les vacances.
  ○ Tu as trop mangé ?
  • Oui, et j'ai trop bu.
  ○ Ce serait bien de manger un peu moins et de faire du sport. _____

6 C'est indispensable ?

Audios sur **espacevirtuel**

---

1 Écrivez le verbe correspondant à chaque phrase. Entourez les actions qui ne sont pas écologiques.

    a. J'essaie d'avoir de moins en moins de déchets.
    → Je R É D U I S

    b. Je n'accepte pas les sacs en plastique.
    → Je R ☐ ☐ ☐ ☐ ☐

    c. Je ne fais pas attention à l'environnement.
    → Je P ☐ ☐ ☐ ☐ ☐

    d. Je jette des aliments qui sont encore bons.
    → Je G ☐ ☐ ☐ ☐ ☐ ☐ ☐

    e. Je trouve une solution quand un objet est cassé.
    → Je R ☐ ☐ ☐ ☐ ☐

    f. J'utilise les déchets alimentaires pour mon jardin.
    → Je C ☐ ☐ ☐ ☐ ☐ ☐ ☐

    g. Je fais des achats de produits sans emballage.
    → J' A ☐ ☐ ☐ ☐ ☐ ☐ ☐ ☐ ☐ ☐

---

2 Remettez les éléments en gras dans l'ordre.

    a. Tu n'as pas eu de *goodies* ? **Pourtant / plein. / ils / ont / donné / en**

    b. Les autres employés ont eu des porte-clés. **Pourquoi / pas / n' / ai / eu ? / en / je**

    c. Ils ont donné tous leurs stylos publicitaires. **d'autres. / donner / en / ils / vont / Mais**

    d. Pour remplacer les verres en plastique, j'ai acheté un mug. **as / Tu / en / un, / acheté / toi ?**

    e. Les marques ont vu que les carnets ne plaisaient pas, alors **ont / d'en / arrêté / faire. / elles**

6 C'est indispensable ?

3 🔊 30 Écoutez les commentaires et complétez le tableau.

	Commentaires	Commentaire positif	Commentaire négatif
a.	C'est bien _pratique_ !	✓	
b.	C'est moche et _____ !		
c.	Ça _____.		
d.	C'est un objet _____ et _____.		
e.	Ça _____ de mieux voir.		
f.	Ça _____ souvent _____.		
g.	C'est totalement _____ !		

4 Finissez les phrases avec le gérondif et les évènements entre parenthèses.

a. Il s'est brûlé _____ (boire un café chaud)

b. Elle s'est fait mal _____ (marcher sur un coquillage)

c. Il a cassé sa cafetière _____ (mettre deux capsules dedans)

d. Elle a senti une décharge électrique _____ (brancher son mixeur)

e. Je me suis coupé _____ (jeter la poubelle de verre)

5 Aidez votre famille à avoir un comportement plus écologique. Utilisez l'impératif.

> **Groupe : S.O.S famille écologique**
>
> **Dylan**
> J'utilise une feuille de papier une fois, puis je la jette.
> _Utilise une feuille de papier une deuxième et une troisième fois. C'est une feuille de brouillon._   16:12 ✓
>
> **Maman**
> Je bois uniquement l'eau en bouteille.
> _____   16:14 ✓
>
> **Line**
> J'ai plein de prospectus inutiles dans ma boîte aux lettres.
> _____   16:20 ✓
>
> **Ahmed**
> Quand j'ai un vêtement un peu vieux, je le jette.
> _____   16:25 ✓
>
> **Constance**
> J'achète des fruits exotiques qui viennent de très loin.
> _____   16:30 ✓
>
> **Papa**
> J'achète des aliments emballés dans du plastique.
> _____   16:40 ✓

6 Lisez cette présentation et cochez les bonnes réponses.

PROLONGER LA VIE DES APPAREILS ÉLECTRONIQUES OBSOLÈTES

Des téléphones cellulaires qui datent d'environ 4 ou 5 ans sont vite considérés comme obsolètes, mais cela ne veut pas nécessairement dire que c'est la fin de leur vie utile. En effet, « pour réparer nos vieux téléphones, il suffit de faire le ménage dans le stockage interne de l'appareil en enlevant les applications et données inutiles », affirme Saad Sebti, coordinateur marketing et développement à Insertech. Il est d'avis qu'il faudrait davantage réparer nos cellulaires pour sauver la planète et démocratiser la technologie.

D'ailleurs, la compagnie Insertech se donne comme mission d'apprendre aux jeunes adultes sans emploi à reconditionner de vieux ordinateurs ou téléphones qui sont, par la suite, vendus à des prix abordables.

Saad Sebti nous invite à participer à des cours d'initiation ou de perfectionnement aux outils numériques ou aux activités technos gratuites comme les « réparothons ».

Radio-Canada, ici.radio-canada.ca, 11 mai 2022

a. Quel mot n'est pas un synonyme d'obsolète ?
- ○ Dépassé.
- ○ Démodé.
- ○ Démonté.

b. Pour Saad Sebti, pour réparer facilement son smartphone, il faut…
- ○ le vider.
- ○ le redémarrer.
- ○ le reconditionner.

c. L'entreprise Insertech pratique…
- ○ une forme de gaspillage.
- ○ une forme d'obsolescence programmée.
- ○ une forme de recyclage des appareils numériques.

d. Dans l'article, un appareil vendu à un prix abordable, signifie qu'il est…
- ○ vendu à un prix peu élevé.
- ○ vendu plus cher qu'un appareil neuf.
- ○ vendu au même prix qu'un appareil neuf.

7 Associez chaque phrase à l'adjectif qui correspond.

a. Ça m'énerve énormément, moi, les publicités sur YouTube.

b. J'ai fait tomber ma cafetière mille fois, elle est encore intacte !

c. Mon jean, il est toujours tendance.

d. Tu ne peux pas aller à Paris sans voir la tour Eiffel !

e. Je ne sais pas comment je pourrais vivre sans mon smartphone.

f. Je me sers de l'emballage de ma télévision pour ranger d'autres choses.

☐ indémodable
☐ incontournable
☐ insupportable
☐ indispensable
☐ réutilisable
☐ incassable

6 C'est indispensable ?

8 🔊 31 Écoutez cette chronique sur l'histoire des *goodies* et cochez vrai ou faux.

a. Le premier objet publicitaire était un stylo.
   ○ Vrai   ○ Faux

b. Les clients du magasin « Au Bon Marché » n'aiment pas les cadeaux.
   ○ Vrai   ○ Faux

c. La Seconde Guerre mondiale fait changer les Français.
   ○ Vrai   ○ Faux

d. Après la guerre, les Français veulent des objets inutiles.
   ○ Vrai   ○ Faux

e. Dans les années 80, on produit de plus en plus de *goodies*.
   ○ Vrai   ○ Faux

f. Les *goodies* habituels ont désormais une mauvaise image.
   ○ Vrai   ○ Faux

g. La majorité des *goodies* français sont produits en France.
   ○ Vrai   ○ Faux

h. Dans les années 2000, les entreprises n'ont rien changé à leurs choix de marketing.
   ○ Vrai   ○ Faux

9 🔊 31 Réécoutez la chronique radio et associez les débuts et les fins de phrases.

a. Un des premiers objets
b. « Au Bon Marché » publie un catalogue
c. Il propose alors des éventails
d. Des marques proposent des boîtes en métal
e. Le besoin de sécurité est la raison
f. Les *goodies* sont des produits identiques
g. Les marques choisissent des objets écolos

☐ avec lesquels elles donnent une bonne image d'elles-mêmes.
☐ dans lesquelles les Français peuvent ranger des petits objets.
☐ auxquels on pense, c'est le stylo.
☐ avec lesquels il attire ses clients.
☐ pour laquelle les Français stockent des objets.
☐ dans lequel les clients trouvent des petits cadeaux.
☐ sur lesquels seuls les logos changent.

10 Faites la présentation d'un objet publicitaire. Aidez-vous des expressions des étiquettes.

C'est un objet que j'ai eu... *(Quand ? Où ? À quelle occasion ?)*   C'est un objet...

C'est un objet qui sert / permet...   C'est un objet avec lequel...

....
....
....

11 Transformez les deux phrases en une seule avec le pronom relatif **qui** ou un pronom relatif composé.

   a. Nous sommes une entreprise de *goodies* écolos. Parmi ces *goodies*, vous trouverez celui qu'il vous faut !
   Nous sommes une entreprise de goodies écolos parmi lesquels vous trouverez celui qu'il vous faut !

   b. Ce calendrier de bureau est une décoration originale. Il marquera l'esprit de vos clients.

   c. Nous vous proposons un cactus dans un tube. Sur ce tube, vous pouvez mettre votre logo.

   d. Nous avons des graines à planter. Avec ces graines, vous aurez une image très écolo.

   e. Ce marque-page en bois est un joli cadeau. Ce cadeau dure dans le temps.

   f. Nos clients aiment aussi les cahiers. Pour ces cahiers, nous utilisons seulement du papier recyclé.

12 Complétez les phrases à l'aide des verbes dans les étiquettes. Attention à la conjugaison.

   monter   débrancher   décharger   casser   mesurer   déplacer   vider

   a. Quand je sors de chez moi, je _____ tous les appareils électriques.

   b. J'ai réussi à _____ tout seul le meuble que j'ai acheté. Et s'il faut le _____, je demanderai de l'aide à un ami parce qu'il est un peu lourd.

   c. Elle a décidé de faire du tri dans ses vêtements. Elle _____ toute son armoire et elle a donné ceux qu'elle ne met pas.

   d. Je crois que la batterie de mon ordinateur portable est trop vieille. Elle se _____ très vite.

   e. Avant d'acheter un frigo, tu devrais _____ l'espace disponible dans ta cuisine, non ?

   f. Mes parents sont faits pour s'entendre ! Elle _____ les cafetières et, lui, il les répare.

13 🔊 32 Écoutez et reformulez les deux actions faites en même temps au gérondif.

   a. J'écris ma thèse _____
   b. Je chante _____
   c. Il écoute des podcasts _____
   d. Elle fait le ménage _____
   e. Il parle _____
   f. Elle peut te parler _____

6 C'est indispensable ?

14 Transformez les expressions en gras au gérondif.

COMMENT LUTTER CONTRE LE GASPILLAGE VESTIMENTAIRE ?

1. **Échanger** ses vêtements avec des amis qui ont les mêmes goûts que vous !
2. **Transformer** un pantalon en short. C'est super facile.
3. **Réparer** ses vêtements, la couture est très à la mode.
4. **Prendre** des cours de couture pour fabriquer des vêtements.
5. **Faire** attention à ses vêtements, tout simplement.
6. **Dire** « stop » à la société de consommation, aux soldes et au Black Friday.
7. **Louer** des vêtements.
8. **Aller** dans des magasins de seconde main.

....
....
....
....

15 Entourez le bon pronom possessif dans les slogans publicitaires.

a. « Nos astuces sont incontournables. Êtes-vous prêts à partager **les leurs / les vôtres** ? »

b. « Cette machine à café est incassable ! Pour ceux qui ont jeté **la leur / la sienne**. »

c. « Les gourdes des supermarchés sont indémodables. **Les vôtres / Les nôtres** sont simplement indispensables ! »

d. « Croquettes Ouaf pour les chiens parce que leur santé est aussi importante que **la vôtre / la mienne**. »

e. « Des stylos parfaits pour des enfants qui perdent **les leurs / les tiens** ! »

f. « Changez votre slogan. Nous avons changé **le tien / le nôtre**. »

16 Complétez les comparaisons dans les dialogues avec le pronom possessif correct.

• Ton stylo est plus élégant que ....
◦ Oui, mais .... est plus écolo.

• Tes *goodies* sont plus originaux que ....
◦ Oui, mais .... sont plus durables.

• Tes plantes ont poussé plus vite que ....
◦ C'est normal, ... ne voient pas assez le soleil.

• Tu as vu la tasse de Michel ? Je suis jaloux, ... est plus belle que ....
◦ Oui, mais tes tasses sont moins chères que ....

17 Lisez cette présentation de l'exposition « Inusable » et répondez aux questions.

EXPOSITION « INUSABLE »

Avant la fin des années 1960, les vêtements, les chaussures, les machines, les outils, les vélos... tout devait durer. Les acheteurs le voulaient et les vendeurs le promettaient. Solide, inusable, robuste, indéchirable étaient les slogans publicitaires les plus récurrents : le durable était une valeur partagée et représentait, dans ces années-là, la réussite d'un produit. L'exposition, constituée de 23 affiches publicitaires d'époque mettant en avant la robustesse des produits, se veut une réflexion sur les dérives d'un mode de consommation qui nous pousse à jeter avant même d'user, à gaspiller sans compter. Exposition accompagnée de quiz et d'un jeu familial.

Exposition élaborée par l'association HOP (Halte à l'Obsolescence Programmée), en partenariat avec la bibliothèque Forney et l'espace Firmin Bouisset, avec le soutien de la Ville de Paris.

Association HOP et Pays de Montbéliard Tourisme, paysdemontbeliard-tourisme.com (2023)

a. « Inusable » est une exposition...
   ○ d'objets de marketing.   ○ d'affiches publicitaires.   ○ de vêtements et d'outils.

b. Avant les années 1960, le principal argument publicitaire était...
   ○ le prix.   ○ la durée.   ○ l'originalité.

c. Les vêtements vendus étaient...
   ○ inoubliables.   ○ irremplaçables.   ○ indéchirables.

d. Selon le texte, quel est le problème de notre utilisation des objets aujourd'hui ?
   ....

e. Quel message veut transmettre l'exposition « Inusable » ?
   ○ Il faut résister à la société de consommation.
   ○ Il y a des objets qui ne seront jamais démodés.
   ○ Il est amusant de réduire le gaspillage en famille.

18 Un/e ami/e a décidé de ranger sa maison. Vous lui écrivez un message pour lui proposer votre aide, le/la mettre en garde contre le gaspillage et lui donner des conseils pour un rangement efficace et écolo. (100 mots environ)

....
....
....
....

6 C'est indispensable ?

PHONÉTIQUE

19 Classez les mots dans le tableau, selon la prononciation de la syllabe « in ».

a. La basilique du Sacré-Cœur est un monument incontournable de Paris.
b. Une personne qui ne trie pas ses déchets, c'est inouï !
c. Ce programme de recyclage est inopérant.
d. Il est inconcevable que vous utilisiez encore des verres jetables.
e. Le bruit incessant de la pluie m'aide à dormir.
f. Je veux passer inaperçu afin que le directeur ne me voie pas.
g. Les articles publicitaires sont importants pour l'entreprise.
h. Il est inadmissible que tu arrives toujours en retard !
i. Ce spectacle nous a surpris, il était inattendu.
j. Il est impossible de vendre une voiture à ce prix.

Son [i] comme dans « in**u**tile »	Son [ɛ̃] comme dans « sap**in** »

20 🔊 33 ≈ SON Écoutez les phrases de l'activité précédente pour vérifier vos réponses.

21 🔊 34 ≈ SON Écoutez les phrases et soulignez les liaisons avec **en**. Entourez **en** en bleu quand il est devant un mot commençant par une voyelle et en rouge quand il est après un mot finissant par un *e* muet ou un autre type de liaison.

a. Il adore la musique classique. Il (en) écoute tous les jours.
b. Il gagne sa vie en écrivant des poèmes qu'il vend.
c. Nous voulons lui offrir un vase en argent.
d. Il y a encore des bonbons, prenez-en si vous voulez.
e. L'appétit vient en mangeant.
f. Il y a beaucoup de cerises, nous en avons acheté 3 kilos.
g. Comment peux-tu étudier en écoutant du rock ?

22 Répétez les phrases de l'activité précédente et faites bien attention à la prononciation des liaisons.

7 Tout numérique

Audios sur **espacevirtuel**

---

1 🔊 35 Écoutez ces personnes et cochez la bonne réponse dans le tableau.

	Il/Elle utilise un smartphone	Il/Elle n'utilise pas de smartphone
a.		
b.		
c.		
d.		
e.		
f.		

---

2 Associez les éléments des deux colonnes et formulez des phrases comme dans l'exemple.

- a. Rencontrer quelqu'un à une fête.
- b. Avoir un atlas des routes.
- c. Chercher les horaires des bus à l'arrêt.
- d. Lire le journal papier et regarder le journal de 20 h.
- e. Consulter mes mails sur mon ordinateur.
- f. Avoir une carte de crédit dans mon portefeuille.
- g. Téléphoner avec le téléphone de la maison.

- ☐ Passer des appels vidéo dans la rue.
- ☐ Avoir un profil sur des applis de rencontre.
- ☐ Regarder l'heure de passage du bus sur mon smartphone.
- ☐ Payer avec mon smartphone.
- [b] Faire confiance au GPS.
- ☐ Écrire et répondre directement depuis mon smartphone.
- ☐ Recevoir des alertes sur les informations en direct.

Avant, j'avais un atlas des routes, alors que maintenant, je fais confiance au GPS.

....
....
....
....

7 Tout numérique

3 Complétez à l'aide des étiquettes.

alors que   contrairement à   au contraire   l'inverse

a. Quand on ne me connaît pas, on croit que je suis sûr de moi, ... j'ai des doutes sur tout.

b. Je donne l'impression d'être très à l'aise en public mais c'est .... ! Je suis la personne la plus timide du monde.

c. .... mon frère qui adore les appels vidéo, moi je préfère les messages écrits.

d. Les réseaux sociaux ne font pas du bien à notre ego. .... ! Parfois, ils créent des problèmes psychologiques.

e. Dans ses mails, elle a l'air d'être une personne autoritaire et sèche, ... dans la vie, elle est plutôt sympa.

f. Mes enfants adorent les selfies avec des filtres, ... moi qui déteste ça.

g. Quand on poste des photos sur ses réseaux pour faire du bien à son ego, il se passe exactement .... de ce qu'on voulait faire.

h. Tu vas poster toutes les photos de la soirée, ou ...., tu vas les effacer ?

4 Conjuguez le verbe **savoir** au mode et au temps corrects.

a. Tu .... comment on libère de la mémoire sur un smartphone ?

b. Comment tu veux que je le .... ?

c. Il faut que vous .... que, sans l'appli de notre banque, vous ne pourrez plus faire d'achats en ligne.

d. Mes enfants ne .... rien faire sans leur tablette numérique.

e. Excusez-moi, vous .... à quelle heure ouvre le magasin ?

f. Il y a une chose qu'il faut que les gens ...., c'est l'obsolescence des appareils numériques.

g. Il est probable qu'un jour, personne ne .... lire une carte routière.

5 Associez les débuts et les fins de phrases.

a. On dirait
b. Elle a l'air
c. Elle paraît plus
d. Beaucoup de ses photos sont une simple
e. Les images sur Instagram sont un miroir
f. Sa vie semble parfaite,

- [ ] déformé de la réalité.
- [ ] qu'elle voyage tout le temps, mais en fait elle travaille.
- [ ] mais c'est une illusion.
- [ ] mise en scène.
- [ ] jeune en photo, grâce aux filtres.
- [ ] d'être très heureuse dans sa vie, alors qu'en vrai, elle ne va pas très bien.

6 Lisez l'article et donnez un titre à chaque paragraphe.

Ce site génère de fausses photos de profil Tinder et LinkedIn à l'aide d'une IA

« Au milieu : photo originale, à droite et à gauche : photos de profil créées par l'IA. »

a. _____

Quand on s'inscrit sur un site de rencontres, on souhaite mettre toutes les chances de notre côté, et l'une des principales difficultés est de trouver la photo de profil idéale. Alors, pour vous faciliter la tâche, l'entrepreneur Sébastien Lhomme a conçu le site PhotoAI qui crée quotidiennement de fausses photos de profil grâce à l'intelligence artificielle.

b. _____

[...] Le site web offre ainsi aux utilisateurs la possibilité de générer une trentaine de photos d'eux-mêmes en échange de 19 euros. Pour cela, l'outil se base à l'origine sur une douzaine de selfies de qualité variable afin d'obtenir une sélection d'images plus ou moins ressemblantes.

c. _____

Les photos générées par l'intelligence artificielle laissent ainsi plus de liberté aux utilisateurs puisqu'ils peuvent choisir l'arrière-plan, régler la luminosité pour donner un effet extérieur ou au contraire une lumière de bureau et bien d'autres fonctionnalités diverses et variées. Mais Sébastien Lhomme est allé bien plus loin que cela dans sa démarche car il ne propose pas uniquement des packs de photos pour Tinder mais il propose également pour LinkedIn des portraits plus professionnels [...].

d. _____

Toutefois, on ne s'improvise pas photographe professionnel en un simple clic. Bien qu'il soit important de reconnaître la rapidité avec laquelle les images sont générées par PhotoAI, ces dernières sont tout de même d'un rendu alternatif et parfois peu réaliste. Certains traits du visage paraissent très retouchés voire déformés [...].

e. _____

Dans une ère où les réseaux sociaux sont omniprésents et où la diffusion de l'information est instantanée, certains outils tels que PhotoAI nécessitent de revoir leur fonctionnement avant de créer de potentielles dérives. [...]

Justine M., www.creapills.com (2022)

7 Tout numérique

7 🔊 36 Écoutez et associez le numéro du dialogue à la bonne expression.

a. ☐ Il a la mémoire des visages.
b. ☐ Il a la mémoire des chiffres.
c. ☐ Il a la mémoire des noms.
d. ☐ Il a une mémoire d'éléphant.
e. ☐ Il a une mémoire de poisson rouge.
f. ☐ Il a la mémoire sélective.

8 Complétez le dialogue avec les expressions dans les étiquettes.

c'est pareil   comme moi   ma fille aussi   tous les deux   la même chose   autant qu'elle

- Mon frère est _____, il ne poste jamais rien sur les réseaux sociaux. Il trouve que ça ne sert à rien. Et toi ?
- Pour moi, les réseaux sociaux se ressemblent tous. Être présent sur Instagram ou sur Facebook, _____. On poste une photo de son quotidien et ça donne l'illusion à nos amis et nos familles que notre vie est palpitante. Ça me dépasse…
- Je suis d'accord. C'est comme les influenceurs qui disent créer des vidéos originales alors qu'ils font tous _____. Ils vendent juste des produits publicitaires.
- C'est sûr ! Ma fille est influenceuse. Elle propose des produits de maquillage inutiles. Pour vendre ces objets, elle met des filtres sur ses selfies. Mon mari retouche ses photos _____. Ils sont _____ très présents sur les réseaux sociaux. Ma fille donne même parfois des conseils à mon mari.
- Je dois admettre que _____ me donne des conseils.

9 Reformulez les phrases à l'aide de la comparaison : **plus**, **moins** et **autant**.

a. Ma sœur a l'air d'avoir dix ans de moins que moi.
→ Elle paraît _____
b. Elle et moi, on fait tous les deux trois voyages par an.
→ Elle voyage _____
c. Elle travaille 35 heures par semaine, comme moi.
→ Elle travaille _____
d. Son salaire est inférieur au mien.
→ Elle gagne _____
e. Mais, contrairement à moi, elle stresse très peu.
→ Je suis _____

10 Vous témoignez de la place du smartphone dans votre quotidien sur un forum. À quelle fréquence l'utilisez-vous ? Pour faire quoi ? Qu'est-ce qui vous plaît ? Qu'est-ce qui vous déplaît ? (environ 90 mots)

11 Associez les phrases pour reconstituer les quatre paragraphes.

a. Nous ne connaissons pas le numéro de téléphone de nos conjoints par cœur.

b. Nous sommes nombreux à penser que les smartphones font du mal à la communication humaine.

c. Nous savons que les écrans sont dangereux pour le développement psychologique des enfants.

d. Les smartphones nous facilitent la vie.

• Cependant, l'âge auquel un enfant reçoit son premier smartphone est de plus en plus jeune.

• Cependant, ils ont un effet négatif sur notre mémoire.

• Pourtant, nous passons de plus en plus de temps sur les réseaux sociaux.

• Pourtant, nous nous souvenons du numéro de la maison de notre enfance.

12 Réécrivez les phrases de l'exercice précédent avec les amorces données.

a. Bien que nous ne _____

b. Bien que nous _____

c. Bien que nous _____

d. Bien que les smartphones _____

13 Transformez les expressions soulignées en utilisant **bien que**.

Il apprend l'anglais avec une application <u>même si ce n'est pas</u> très efficace.
<u>Même si elle sait</u> que c'est mauvais pour la santé, elle dort à côté de son téléphone.
Pierre like toutes les photos de son ex, <u>même si ça ne sert à rien</u>.
Louna est devenue accro à Google Maps <u>même si elle a</u> un excellent sens de l'orientation.
<u>Même s'ils ne peuvent pas</u> vivre sans smartphone, ils ont essayé une détox de 24 h.

14 🔊 37 Écoutez les dialogues et écrivez les expressions de la certitude et de la possibilité que vous entendez dans le tableau.

Certitude	Possibilité
C'est certain !	

7 Tout numérique

15 Complétez les phrases avec les mots dans les étiquettes.

admettre · admis · reconnaissent · admettras · reconnaissez · admettons · reconnaître

a. Ils _____ que leurs arguments ne sont pas tous solides.
b. Je discuterai avec toi quand tu _____ que j'ai raison.
c. Est-ce que vous _____ que la situation est un peu absurde ?
d. Je dois bien _____ que je n'ai pas travaillé le dossier.
e. _____ que votre méthode marche, quelle sera la suite de l'expérience ?
f. Il faut _____ que nous faisons de moins en moins d'efforts pour mémoriser.
g. Il a _____ qu'il avait fait une erreur.

16 Réécrivez les extraits en gras à l'aide des amorces.

www.unefrancaiseauquebec.pap

Il est évident que **les IA comme ChatGPT feront partie de notre quotidien dans le futur.**

Bien que ces systèmes aient des aspects positifs, ils représentent aussi une menace face à laquelle **la société devra s'adapter durant les années à venir.**

ChatGPT a toutes les qualités d'un écrivain : il peut écrire des dissertations, mais également des poèmes avec une idée précise. Tout cela, en moins d'une minute ! **Cet outil devient le meilleur ami des étudiants.**

Si on ne fait rien, **l'utilisation de l'IA peut réduire la capacité des étudiants à rédiger un texte par eux-mêmes.**

La population pourrait faire de plus en plus confiance à ces outils pour obtenir de l'information. Dans un futur proche, on peut imaginer que **tout le monde aura un assistant comme ChatGPT directement dans sa poche.**

Contrairement à un moteur de recherche comme Google, ChatGPT donne une seule réponse et ne mentionne aucune source. Dans ce cas, **les compagnies technologiques pourront sans doute influencer de plus en plus facilement l'opinion des gens sur un sujet.**

a. Il est sûr que les IA comme ChatGPT _____
b. Il est certain que la société _____
c. Il est presque inévitable que cet outil _____
d. Il se peut que la dépendance à l'IA _____
e. Il se pourrait que la population _____
f. Il est probable que tout le monde _____
g. Il y a des chances que les compagnies technologiques _____

17 Décrivez le dessin et donnez votre opinion sur son message. Aidez-vous des expressions dans les étiquettes.

BerthBerth, http://berth.canalblog.com/ (2019)

| il est vrai que | il est certain que | il se peut que | il est probable que |

....
....
....
....

18 🔊 38 Écoutez la chronique radio et choisissez la bonne réponse.

a. Pour la chroniqueuse, l'IA peut nous aider à apprendre une langue bien que ce soit un apprentissage difficile.   ○ Vrai   ○ Faux

b. Pour la chroniqueuse, une application d'apprentissage remplace parfaitement un cours de langue.   ○ Vrai   ○ Faux

c. Qu'est-ce qui permet de retenir des mots avec les applis d'apprentissage ?
○ L'apprentissage des mots par cœur.
○ Le retour régulier des mots.
○ La difficulté des mots qui augmente.

d. À quoi la chroniqueuse compare-t-elle le chatbot ?
○ À une conversation avec un robot.
○ À une conversation avec un animal.
○ À une conversation avec un inconnu.

e. La chroniqueuse admet…
○ qu'un robot peut remplacer un humain pour certaines tâches administratives.
○ qu'un humain est plus efficace qu'un robot quand on a des problèmes administratifs.
○ qu'un robot et un humain règlent des dossiers administratifs de la même manière.

f. Pour la chroniqueuse, le chatbot est infatigable…
○ bien qu'il ne puisse pas toujours répéter la même chose.
○ alors que l'humain n'aime pas répéter mille fois la même chose.
○ parce qu'il sait qu'enseigner, c'est répéter la même chose.

7 Tout numérique

PHONÉTIQUE

19 🔊 39 ≈ SON Cochez l'image qui correspond à la phrase entendue.

a. ☐ 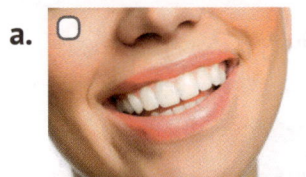 ☐  d. ☐  ☐

b. ☐  ☐  e. ☐  ☐

c. ☐  ☐  f. ☐  ☐

20 Lisez les phrases à voix haute. Faites attention à la prononciation de [ã] et de [ɛ̃].

    a. Je me rince les cheveux.
    b. Ce beurre est rance.
    c. Il a beaucoup de chance !
    d. Elle met les mains sur les hanches.
    e. Je tends la main à mes amis.
    f. On fait du bon pain en France.
    g. Il parle bien l'italien.

21 🔊 40 ≈ SON Écoutez les phrases de l'exercice précédent et vérifiez votre prononciation.

22 Transformez les phrases suivantes. Si elles sont au féminin, écrivez-les au masculin et si elles sont au masculin, écrivez-les au féminin.

    a. Mes amies sont colombiennes. ....
    b. Tes collègues sont chiliens ? ....
    c. Il est brésilien. ....
    d. Cette archéologue est italienne. ....
    e. Il est péruvien. ....
    f. Maude a des amies norvégiennes. ....
    g. Elle cherche des employées canadiennes. ....
    h. Il est autrichien. ....

23 Lisez à voix haute les phrases de l'exercice précédent. Attention à la prononciation.

8 Changeons le monde !

Audios sur espacevirtuel

1 Lisez cet article et entourez les bonnes options.

Enseignant(e)s en colère !

Depuis plusieurs semaines, les enseignant(e)s des écoles primaires se mobilisent contre les réformes du gouvernement. Des **manifestations / syndicats** ont eu lieu dans toute la France. **Le mouvement social / La loi** des enseignant(e)s prend de plus en plus d'importance. Le jeudi 15 janvier, à Paris, **une grève / un cortège** de plusieurs milliers de personnes a défilé dans les rues de la capitale. Voici le témoignage de Leïla : « Je suis enseignante en classe de CP et je suis mécontente de mon salaire et de mes conditions de travail. J'ai décidé **de protester / d'obéir**. Nous avons créé un nouveau **syndicat / gouvernement** pour défendre nos droits et faire entendre nos voix. Dans mon école, on ne veut pas faire **grève / syndicat**, car on sait que cela pénalise les élèves. On veut que nos élèves aient accès à une éducation de qualité, et on est prêt à organiser un **blocage / cortège** de l'école s'il le faut. J'espère que notre **amende / mobilisation** permettra d'obtenir des changements positifs. »

2 Lisez les thèmes et exprimez un souhait. Aidez-vous des expressions dans les étiquettes.

J'attends que   J'espère que   J'aimerais que   Je souhaite que   Cela me donne de l'espoir

a. Les inégalités entre les hommes et les femmes.

b. La gaspillage alimentaire.

c. L'aide aux personnes malades.

d. L'anonymat sur les réseaux sociaux.

e. Les pétitions contre les entreprises qui font travailler les enfants.

8 Changeons le monde !

3 Transformez le verbe en gras en nom dans chaque titre.

a. Le gouvernement **sensibilise** l'opinion publique au recyclage.
→ *Sensibilisation de l'opinion publique au recyclage*

b. Ils se **mobilisent** contre la pauvreté.
→ .... contre la pauvreté

c. Les citoyens **élisent** le chef de l'État lundi.
→ .... du chef de l'État lundi

d. Les parents **manifestent** pour le droit de vote des enfants.
→ .... des parents pour le droit de vote des enfants

e. Les infirmiers/ères **protestent** contre la nouvelle réforme de la santé.
→ .... des infirmiers/ères contre la nouvelle réforme de la santé

4 Remettez le dialogue dans l'ordre.

a. Lila : Bien sûr ! On a toujours besoin de bénévoles. Plus on est nombreux, plus on peut avoir un impact important.

b. Max : Je ne sais pas si tous ces gestes ont un vrai impact…

c. Lila : Super ! On se retrouve samedi prochain à 10 h au parc du centre-ville.

d. Max : Salut Lila. Oui, j'ai vu ça aux infos. C'est important de se mobiliser pour le bien-être des animaux, ce sont des êtres vivants comme nous… mais je n'ai pas le temps de participer à des manifestations.

e. Lila : Salut Max ! Tu as vu la manifestation pour défendre la cause animale ? Il y avait beaucoup de monde !

f. Max : C'est super ! Moi aussi, j'ai envie de me sentir utile et d'aider les animaux. Tu penses que je peux m'engager avec toi dans ton association ?

g. Lila : Mais ce n'est pas grave si tu n'as pas le temps. Il y a plein d'autres façons de s'engager, tu sais ! Tu peux signer des pétitions pour la protection des animaux sur Internet, faire des dons à des associations qui luttent pour la cause animale, ou même juste boycotter les entreprises et les laboratoires qui utilisent les animaux.

h. Max : D'accord, à samedi !

i. Lila : Mais si ! Chaque geste compte, même petit. Et puis se mobiliser, c'est aussi une façon de montrer aux autres qu'on ne peut pas accepter la situation actuelle.

j. Max : C'est vrai que c'est important de faire entendre sa voix. Tu fais quoi pour t'engager ?

k. Lila : Moi, je suis membre d'une association qui organise des actions pour sensibiliser le public aux souffrances animales. On distribue des tracts, on participe à des débats. Je fais aussi du bénévolat dans les refuges pour animaux le week-end.

l. Max : C'est décidé, je me lance ! On se retrouve quand pour la prochaine action ?

Ordre du dialogue : e - ☐ - ☐ - ☐ - ☐ - ☐ - ☐ - ☐ - ☐ - ☐ - ☐ - ☐

5 Complétez le texte avec les expressions dans les étiquettes.

| Je suis pour | Je suis contre | J'espère que ça va changer | Je soutiens ce mouvement |

| C'est injuste | Je suis en colère contre | Le gouvernement doit |

Sujet : Le droit de vote des enfants, pour ou contre ?

Selon moi, c'est essentiel de donner le droit de vote aux enfants. _____ que les enfants ne puissent pas voter ! _____ le gouvernement qui refuse de leur accorder ce droit fondamental. _____ le droit de vote des enfants dès l'âge de 14 ans. Ils sont capables de comprendre les enjeux politiques et de faire des choix intelligents. _____ l'idée que les enfants sont influencés par leurs parents ou leurs enseignants. Ils doivent être libres de voter en toute liberté. _____ écouter la voix des enfants et leur accorder le droit de vote. _____, il est important qu'ils participent aux décisions qui les concernent. _____ pour le vote des enfants à 100 % ! Les enfants sont les citoyens de demain et ils ont le droit de participer à la construction de leur avenir ! **Jules, 45 ans, 2 enfants**

6 Lisez les informations et réagissez. Utilisez les expressions de l'exercice précédent.

a. « **L'espace, nouvelle destination de vacances !** »

b. « **Une nouvelle étude révèle les effets positifs du yoga sur la santé.** »

c. « **La grève des enseignants contre les tablettes numériques à l'école.** »

d. « **Augmentation du prix des loyers : les Français ne trouvent plus d'appartements.** »

e. « *De plus en plus de produits achetés pendant le Black Friday.* »

a. ....
b. ....
c. ....
d. ....
e. ....

7 🔊 41 Écoutez ces opinions. Sont-elles pour la réforme, contre la réforme ou bien les deux ?

	Pour	Contre	Pour et contre
a. Personne 1			
b. Personne 2			
c. Personne 3			
d. Personne 4			
e. Personne 5			

8 Changeons le monde !

8 🔊 42 Écoutez les déclarations suivantes et cochez la bonne réponse.

	Forme active	Forme passive
a.		
b.		
c.		
d.		
e.		
f.		

9 Cochez les phrases à la forme passive. Transformez les phrases actives en phrases passives, et les phrases passives en phrases actives.

○ Les militants organisent des manifestations pour défendre leurs droits.
....

○ Des changements sociaux et politiques sont réclamés par les activistes.
....

○ Les militants utilisent les médias pour sensibiliser le public à leurs causes.
....

○ Des mesures pour résoudre les problèmes sociaux sont proposées par les partis politiques.
....

○ Le vote des citoyens influence les résultats électoraux.
....

○ Un changement de gouvernement est souhaité par beaucoup de citoyens.
....

○ Les citoyens adoptent de nouvelles habitudes.
....

○ Les étudiants organisent des actions pour sensibiliser à l'importance du vote.
....

10 Utilisez la forme **se faire** + infinitif pour reformuler les phrases suivantes.

a. Le Président nomme le Premier ministre.
   Le Premier ministre se fait nommer par le Président.

b. On expulse le passager de l'avion à cause de son comportement.
....

c. On entend souvent le bruit des voitures le matin.
....

d. Tous les collègues du bureau aident les nouveaux employés.
....

e. La police arrête les activistes à cause de leurs actions illégales.
....

11 Lisez les slogans et entourez les bonnes options.

- « Moins de **capitalisme / capitalistes**, plus d'économie responsable, plus de bonheur ! »
- « Non au **racisme / raciste**, oui à la diversité ! »
- « Pensons aux hommes, soyons **humanisme / humanistes**. »
- « Tous et toutes uni(e)s pour un monde plus **pacifisme / pacifiste** ! »
- « Protégeons notre planète, soyons **écologistes / écologisme** ! »

12 Associez chaque mot à sa définition.

Une réforme   Une élection   Un référendum
Des militant(e)s   Un parti politique   Une démocratie

a. _____ : C'est un groupe de personnes qui partagent les mêmes opinions politiques et se présentent aux élections.

b. _____ : C'est un vote qui permet aux citoyens de donner leur avis sur un sujet en particulier.

c. _____ : C'est la modification d'une loi.

d. _____ : C'est le choix des représentants du peuple par un vote.

e. _____ : Ce sont des personnes qui s'engagent et luttent pour ou contre une cause.

f. _____ : C'est un système dans lequel les citoyens participent à la vie politique du pays.

13 Reliez chaque militant au slogan qui correspond.

Écologiste • • « Pour des conditions de travail justes et équitables. »

Syndicaliste • • « Un petit geste pour la planète, un grand geste pour l'avenir ! »

Altermondialiste • • « Pour une société égalitaire, dites non à l'exploitation animale. »

Féministe • • « Les droits des femmes sont des droits humains ! »

Antispéciste • • « Un autre monde est possible ! »

14 Complétez les hypothèses suivantes.

a. Si les plus jeunes votaient, _____.

b. Si j'avais plus d'influence, _____.

c. S'il était mieux informé, _____.

d. _____, tu pourrais réaliser tous tes projets.

e. _____, elle voyagerait seule dans un pays étranger.

f. _____, je mènerais des actions de désobéissance civile.

8 Changeons le monde !

15 Lisez l'article et répondez vrai ou faux aux affirmations. Justifiez vos réponses avec un extrait du texte.

Thomas Brail, en grève de la faim pour protester contre l'A69, a été délogé de l'arbre qu'il occupait

L'arboriste militant s'était installé dans un platane en face du ministère de la Transition écologique pour protester contre la construction de l'autoroute A69 entre Toulouse et Castres.

ENVIRONNEMENT - Il était apparu deux jours plus tôt en vidéo sur son compte Instagram, le visage émacié après 22 jours de grève de la faim. Le militant Thomas Brail, perché dans un arbre en face du ministère de la Transition écologique à Paris pour protester contre la construction de l'autoroute A69 entre Toulouse et Castres, a été délogé ce dimanche 24 septembre.

La scène qui s'est déroulée très tôt ce dimanche matin a été filmée en direct par le média *Vatika*, lancé par Hugo Clément, dont une journaliste a passé la nuit avec le militant [...].

Sur sa vidéo postée sur Instagram vendredi, Thomas Brail s'inquiétait de voir un grimpeur, qui gardait l'arbre dans lequel il était, entouré de policiers. « *En bas, on a les forces de l'ordre qui viennent d'arrêter un grimpeur. Je ne sais pas pourquoi. Monsieur le ministre des Transports s'était engagé à ce qu'on soit libérés, il avait prévenu la préfecture de police* », soulignait l'arboriste qui avait rencontré Clément Beaune plus tôt dans la semaine.

Thomas Brail voulait débuter une grève de la soif

[...] Thomas Brail, qui était grimpé dans son arbre le 16 septembre et avait déjà perdu 10 kilos, avait fait part de son intention de débuter une grève de la soif à compter de lundi. Il dénonce l'artificialisation des sols et l'abattage de centaines d'arbres pour la construction de l'A69 de 54 km [...].

Le platane qu'il avait choisi n'était pas n'importe lequel : en 2019, il était monté dans le même pour protester contre l'abattage de 16 arbres dans sa ville de Condom, dans le Gers. Son combat n'avait pas empêché cet abattage.

Par le *HuffPost*, www.huffingtonpost.fr, 24/09/2023

	Vrai	Faux
a. Un militant écologiste a occupé un platane devant le ministère du Travail. Justification :		
b. L'activiste a fait une grève de la faim pour lutter contre un projet d'autoroute dans le Sud de la France. Justification :		
c. Le média *Vatika* a filmé le délogement du militant par la police. Justification :		
d. Thomas Brail n'a pas compris pourquoi la police avait arrêté son grimpeur. Justification :		
e. Après avoir perdu 10 kilos, Thomas Brail avait décidé de continuer sa mobilisation en signant une pétition. Justification :		
f. Thomas Brail avait déjà protesté contre l'abattage d'arbres dans sa ville. Justification :		

16 Associez les débuts et les fins de phrases.

a. Il est interdit de stationner ici,

b. Vendre des cigarettes aux mineurs

c. Il est important de respecter la loi

d. Les actions illégales

e. Des militants écologistes

☐ pour éviter les problèmes avec les autorités.

☐ sont sévèrement punies par la loi.

☐ ont désobéi à la loi en bloquant les rues et les ponts.

☐ n'est pas légal.

☐ vous risquez une amende.

17 Faites des hypothèses peu probables dans le présent à partir des trois images.

Si on arrêtait de jeter des sacs en plastique dans l'océan...

....

....

....

18 🔊 43 Écoutez et cochez ce que la personne exprime. Plusieurs réponses sont possibles.

	Un souhait	Une position	Une hypothèse
a. Samira			
b. Nolan			
c. Sasha			
d. Louise			
e. Fatou			

19 Imaginez que vous êtes militant/e. Rédigez un petit texte dans lequel vous expliquez la cause que vous défendez et quelles actions vous mèneriez pour la défendre.
(85 mots environ)

....

....

....

....

....

8 Changeons le monde !

PHONÉTIQUE

20 🔊 44 ≈ SON Écoutez les phrases et cochez le suffixe que vous entendez.

	J'entends «-isme»	J'entends «-iste»
a.		
b.		
c.		
d.		
e.		
f.		
g.		

21 🔊 45 ≈ SON Écoutez les phrases et cochez si vous entendez le son [t], le son [d] ou les deux.

	Son [t]	Son [d]	Les deux sons
a.			
b.			
c.			
d.			
e.			
f.			
g.			
h.			

22 Lisez et répétez à voix haute les virelangues.

    a. Ton thé t'a-t-il ôté ta toux ? disait la tortue au toutou.
        Pas du tout, dit le toutou, je tousse tant que l'on m'entend de Tahiti à Tombouctou.

    b. Didon dîna dit-on du dos d'un dodu dindon.

    c. Le dandy dodelinant dodeline de la tête devant le dindon dodu.

23 🔊 46 ≈ SON Écoutez la comptine. Marquez les groupes de souffle et indiquez le nombre de syllabes de chaque phrase.

Quelle heure est-il, ... En êtes-vous sûre, ...
Madame Persil ? .... Madame Chaussure ? ....
Six heures moins le quart .... Évidemment, ...
Madame Placard. .... Madame Piment. ....

24 Répétez les phrases de l'exercice précédent. Marquez bien les syllabes.

9 Coup de foudre

Audios sur espacevirtuel

1 Associez les verbes de réciprocité aux définitions correspondantes.

Se retrouver • • Se mettre d'accord après une dispute.

Se disputer • • Se rencontrer à nouveau.

Se manquer • • Ressentir l'absence de quelqu'un.

Se séparer • • Perdre le contact avec quelqu'un pendant un certain temps.

Se perdre de vue • • Être en conflit avec quelqu'un.

Se réconcilier • • Mettre fin à une relation.

2 Complétez ces posts avec les marqueurs temporels dans les étiquettes.

depuis   pendant   quelques mois plus tard   durant toutes ces années   deux ans après

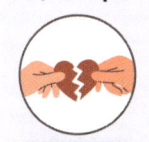

Zut, la rupture !

Suivre
Contacter

UN AMOUR PERDU DANS LE TEMPS
—N.—

« Mes meilleurs amis, Anna et Éliot, se sont aimés pendant des années. ...., ils ont vécu une belle histoire d'amour. Mais, avec le temps, leurs chemins ont pris des directions différentes et leur amour s'est éteint. »

ADIEU AMOUR D'ÉTÉ
—Matteo—

« Avec Chloé, nous avons passé toutes les grandes vacances ensemble à la plage. .... tout l'été, ça a été l'amour fou. Mais, en septembre, j'ai dû partir étudier en Allemagne… Elle me manque. »

FIN D'UNE HISTOIRE VIRTUELLE
—Akiko—

« Ma sœur et Juan se sont rencontrés en ligne l'année de leurs 18 ans. Ils habitaient chacun à un bout de la France. .... leur première discussion, jour pour jour, ils s'écrivent encore mais la relation virtuelle n'est plus aussi forte. Loin des yeux, loin du cœur. »

FIN D'UNE AMITIÉ
—Bianca—

« Un jour, Luc et Marion se sont disputés à l'école. Au début de l'année, ils étaient inséparables, mais .... ils ne se parlaient même plus. .... cette dispute, quelque chose a changé. La fin d'une amitié est parfois difficile à comprendre… »

soixante-neuf

9 Coup de foudre

3 🔊 47 Écoutez les phrases et cochez la bonne réponse.

	Verbes pronominaux réciproques Exemple : se séparer	Verbes pronominaux non-réciproques Exemple : se laver	Verbes simples Exemple : parler, finir, courir
a.			
b.			
c.			
d.			
e.			
f.			

4 Complétez la conversation de Laura et Julien. Aidez-vous des expressions dans les étiquettes.

engager la conversation   avoir un coup de foudre   se quitter   se disputer

se marier   se tourner autour   avoir un rendez-vous   vivre sous le même toit

Laura et Julien sont des amis d'enfance et se retrouvent sur Instagram après des années sans se voir. Laura est mariée à Tarek et a des enfants, Julien est toujours à la recherche de l'amour.

 Laura : Salut Julien ! Comment vas-tu ? Ça fait super longtemps qu'on ne s'est pas parlé, c'est dommage 😢.

 Julien : Salut Laura ! Ça va bien, merci. Oui je trouve ça triste, j'adorais nos discussions. Qu'est-ce qu'il y a de nouveau dans ta vie ?

 Laura : _____
C'était un jour incroyable, tous les invités sont venus. Tarek et moi, nous étions ravis.

 Julien : Félicitations ! 😊 C'est génial. Vous vous êtes rencontrés comment ?

 Laura : C'était il y a deux ans, à Berlin, _____

Depuis, on ne se quitte plus. _____

 **Julien :** C'est une belle histoire ! _____ depuis longtemps ?

 Laura : Nous habitons ensemble depuis presque 5 ans. Mais assez parlé de moi. Et toi alors ? Ma mère m'a dit que tu étais célibataire depuis peu. J'étais trop surprise. Tu n'es plus avec Martha ?

 Julien : Non, _____. Mais, j'ai rencontré quelqu'un sur une appli de rencontres et la semaine prochaine _____

 Laura : Whoah, je suis très contente pour toi. Tu es amoureux d'elle ?

 **Julien :** Ben… je ne sais pas. Je l'ai vue seulement deux fois. _____

 Laura : Trop bien ! Tu me raconteras 😊.

5 Regardez l'infographie et complétez les phrases avec les mots dans les étiquettes.

quart   tiers   peu   moitié   plupart   ~~majorité~~

Les Français et le couple

Sur les **950 000** nouvelles unions qui se forment chaque année, il y a :
- 546 000 unions libres
- 164 000 pacs
- 240 000 mariages

Part de la population qui n'a jamais été en couple :

18-24 ans
- 56 % des femmes n'ont jamais été en couple.
- 74,1 % des hommes n'ont jamais été en couple.

25-34 ans
- 14,4 % des femmes n'ont jamais été en couple.
- 25,8 % des hommes n'ont jamais été en couple.

Les couples et les sites de rencontres :

33 % des Français déjà en couple se seraient déjà connectés sur des sites ou des applications de rencontres.

41 % des hommes interrogés pensent qu'ils peuvent trouver mieux que leur compagne sur un site de rencontres.

a. La _majorité_ des couples sont en union libre.

b. Presque un _____ des couples se marient.

c. Plus de la _____ des femmes de 18 à 24 ans n'ont jamais été en couple.

d. _____ de femmes n'ont jamais été en couple de 25 à 34 ans.

e. Un _____ des Français se seraient déjà connectés sur des applications de rencontres alors qu'ils sont en couple.

f. La _____ des hommes de 18 à 24 ans n'ont jamais été en couple.

6 Reformulez en utilisant de plus en plus et de moins en moins.

a. En 1999, 62 % des Français âgés de 18 ans vivaient en couple. Aujourd'hui, c'est 59 %.
   Aujourd'hui, de moins en moins de Français vivent en couple.

b. En 1999, 16 % des femmes de 80 à 89 ans vivaient encore en couple. Aujourd'hui, c'est 26 %.

c. En un demi-siècle, la part des femmes mariées à 25 ans est passée de 78 % à 10 %.

d. En 1950, peu de couples n'étaient pas mariés. Aujourd'hui, c'est plus d'un quart des couples.

e. Il y a 4 ans, les relations duraient en moyenne 10 ans, aujourd'hui, elles durent en moyenne 4,2 ans.

9 Coup de foudre

7 🔊 48 Écoutez et associez les étapes de l'histoire d'amour de Gabriel aux bonnes expressions.

Paragraphe a • • s'aimer à la folie

Paragraphe b • • avoir un crush

Paragraphe c • • se séparer

Paragraphe d • • tomber amoureux

Paragraphe e • • avoir un coup de foudre

Paragraphe f • • se tourner autour

8 Entourez le bon pronom indéfini.

a. Avez-vous vu Maria ? Non, je n'ai vu **quelqu'un** / **personne** / **aucune**.

b. Parmi les candidates, **aucune** / **certaines** / **personne** ne peut devenir présidente.

c. J'ai rencontré **chacune** / **quelqu'un** / **certains** de mes anciens collègues à la fête.

d. J'ai croisé **aucune** / **certain** / **quelqu'un** que je connaissais à la boulangerie ce matin.

e. **Chacun** / **Certain** / **Aucun** son rêve, **chacun** / **certain** / **aucun** son destin.

f. J'ai perdu mon smartphone dans la rue ce matin. Est-ce que tu penses que **chacune** / **quelqu'un** / **certains** l'a retrouvé ?

9 Complétez ces extraits de texte sur le mariage avec les pronoms indéfinis dans les étiquettes.

| personne | certaines | quelques-uns | la plupart | certains | d'autres | chacune |

a. Les couples qui organisent leur mariage font tous des choix différents pour le jour J : par exemple, _____ choisissent de magnifiques décors dans un joli château, alors que _____ préfèrent des décorations plus simples dans une salle des fêtes.

b. Le mariage est un jour unique pour le marié et la mariée. C'est pour cela que les couples préparent leur mariage ensemble et ne laissent rien au hasard. _____ ne veut d'un mariage catastrophique !

c. Ce sont en majorité les femmes qui s'occupent de l'organisation du mariage. _____ programme ce jour à l'image de ses rêves. Même si _____ préfèrent choisir seules les menus, les cartons d'invitation et la décoration, _____ se font aider par leur mari.

d. Les hommes, eux, s'occupent plutôt de leur costume, des animations pendant la soirée et de la musique. _____ peuvent aussi être responsables des tâches administratives.

10 Lisez cet article et répondez aux questions.

L'amour au premier... clic

Amour 2.0 ! Aujourd'hui, les rencontres se font sur les réseaux sociaux, on matche, on engage la conversation en ligne, et on tombe amoureux sans même s'être vus…

MANON ET RENAUD

« *J'ai tout de suite cru que l'homme idéal existait !* » plaisante Manon, 36 ans, vétérinaire. Manon fait la connaissance de Renaud sur une application de rencontres. Les premiers messages sont plein d'humour. Manon et Renaud ont plein de choses en commun, ils se complètent. Ils échangent des messages puis des appels téléphoniques et, peu à peu, tombent amoureux. « *C'était une vraie relation de couple, alors qu'on ne s'était même pas encore rencontrés. On avait déjà des projets de mariage !* » Trois mois après leurs premiers échanges, ils décident enfin de se rencontrer. Manon, originaire de Lille, prend le train pour Toulon, très stressée par ce premier rendez-vous. Au premier regard, c'est le coup de foudre. Peu de temps après, ils se passent la bague au doigt.

ANNE ET LOÏC

« *Je comptais les jours jusqu'à son retour* », se souvient Anne. Chaque matin, elle était réveillée par un message vocal de Loïc, parti à Singapour pour un an. Quelques mois plus tôt, Loïc lui avait envoyé une « demande d'ami » sur Facebook. Ils avaient commencé à discuter sur le tchat, puis ils s'étaient peu à peu confiés l'un à l'autre. « *C'est vite devenu notre petit rituel quotidien. Matin et soir, on partageait nos histoires et nos soucis… C'était magique* », confie Loïc. « *En fait, j'adore notre histoire d'amour car elle est différente des autres. Nous sommes tombés amoureux au son de nos voix et non à cause de nos physiques.* »

a. Comment Manon et Renaud ont-ils commencé leur histoire d'amour ?
  ○ Ils se sont rencontrés au travail.
  ○ Ils ont échangé des messages humoristiques.
  ○ Ils se sont retrouvés dans une gare après des années sans se parler.

b. Manon et Renaud étaient en couple avant de se rencontrer à la gare.   ○ Vrai   ○ Faux
Justification : _____

c. Quelle a été la réaction de Manon quand elle a rencontré Renaud dans la vraie vie ?
  ○ Elle a eu un coup de foudre.
  ○ Elle a été très déçue par son caractère et son physique.
  ○ Elle n'a pas vraiment eu un crush.

d. Loïc téléphone à Anne tous les matins.   ○ Vrai   ○ Faux
Justification : _____

e. Selon Loïc, pourquoi sa relation avec Anne est différente des autres relations ?
_____

11 Relisez l'article. À votre avis, peut-on s'aimer sans se voir ?

À mon avis, on ne peut pas tomber amoureux de quelqu'un si on ne le voit pas car l'apparence physique est importante.

9 Coup de foudre

12 🔊 49 Écoutez et associez les prénoms des personnes à un trait de caractère.

Julie   Kerem   Antoine   Noémie   Renaud   Jessica   Hermine   Mickaël

a. Il/Elle est tactile. _____   e. Il/Elle est convivial/e. _____
b. Il/Elle est individualiste. _____   f. Il/Elle est passif/ive. _____
c. Il/Elle est affectueux/euse. _____   g. Il/Elle est fier/fière. _____
d. Il/Elle est gourmand/e. _____   h. Il/Elle est altruiste. _____

13 Quels sont les caractères clichés dans votre pays ? Racontez !

_____
_____
_____
_____

14 Écrivez le contraire de ces phrases. Attention aux accords.

a. Personne ne m'a expliqué les avantages à ne pas vivre sous le même toit.
   Quelqu'un m'a expliqué les avantages à ne pas vivre sous le même toit.

b. Aucune ne partage le même toit que son amoureux.
   _____

c. Chacun a assuré sa part des tâches domestiques.
   _____

d. Quelques-unes désirent se marier après quelques années seulement.
   _____

e. Personne ne veut rencontrer le grand amour sur un site de rencontres.
   _____

15 Conjuguez les verbes au présent. Sont-ils au singulier, au pluriel, ou les deux ?

a. Peu de personnes (**oser**) _____ avouer leurs sentiments.

b. La plupart des histoires d'amour (**commencer**) _____ de manière inattendue.

c. La majorité des couples (**aimer**) _____ les balades romantiques au clair de lune.

d. Un quart des personnes dans cette salle (**rechercher**) _____ activement le grand amour.

e. La moitié des couples (**connaître**) _____ des hauts et des bas.

16 🔊 50 Écoutez l'histoire de Raj et Sofia puis répondez aux questions.

a. « Amore du bout du monde » est une émission dans laquelle des hommes et des femmes de la même nationalité se rencontrent.   ○ Vrai   ○ Faux

b. Après l'émission, Raj et Sofia ont décidé de vivre sous le même toit.   ○ Vrai   ○ Faux

c. Les parents de Raj sont tactiles comme les Italiens.   ○ Vrai   ○ Faux

d. Raj et Sofia ont organisé un mariage biculturel.   ○ Vrai   ○ Faux

e. Pourquoi Raj et Sofia se disputaient souvent ?
   ○ Parce qu'ils n'arrivaient pas à trouver une langue commune pour communiquer.
   ○ Parce que chacun pensait que l'autre était individualiste.
   ○ Parce que Sofia souhaitait déménager en Italie et Raj voulait voyager.
   ○ Parce que peu d'amis de Sofia appréciaient Raj.

f. Reformulez avec vos mots la fin de l'histoire de Sofia et Raj.
   Aujourd'hui, ...
   ....

17 Lisez le témoignage de Thomas et répondez aux questions.

Thomas

Bonjour à tous ! Je m'appelle Thomas et je veux partager mon avis sur les applications de rencontres. Je trouve qu'elles sont pratiques pour rencontrer de nouvelles personnes. Moi, je suis inscrit depuis trois mois sur une application de rencontres qui permet de découvrir les goûts musicaux des différents profils. Sur cette appli, il faut se décrire en choisissant quatre chansons, c'est original ! Quand on matche avec quelqu'un, on peut tout de suite engager la conversation en discutant des musiques qu'on aime ou qu'on déteste. Moi, je préfère voir les goûts musicaux, l'âge et la situation familiale sur un profil. Cela m'aide à décider si je veux parler à la personne ou pas. Mais, à mon avis, rencontrer quelqu'un dans la vraie vie, c'est très important pour vraiment connaître un personne. La différence, c'est qu'on ne peut pas mentir sur qui on est.

a. Quel type d'application a découvert Thomas récemment ?
   ....

b. Quelles informations sont importantes pour Thomas sur un profil ?
   ....

c. Que pense Thomas des applications de rencontres ?
   ....

18 Imaginez que vous discutez avec un/e ami/e. Il/Elle pense que les applications de rencontres sont inutiles. Vous n'êtes pas d'accord avec lui/elle. Trouvez trois arguments.

....
....
....

9 Coup de foudre

PHONÉTIQUE

19 🔊 51 ≈ SON Écoutez les phrases suivantes. Soulignez le mot **plus** en rouge s'il se prononce [ply], en bleu s'il se prononce [plyz] et en vert s'il se prononce [plys].

a. Elle ne fume plus depuis l'année dernière.
b. Tu veux un peu plus de tarte au citron ?
c. Sophie est plus agréable que sa sœur.
d. Cette maison est plus jolie que celle que tu m'as montrée hier.
e. Je ne peux plus rien manger.
f. Les Français boivent plus de vin que les Belges.
g. Ce livre est plus intéressant que le tien.
h. Celui qui travaille le plus, c'est Pascal.

20 🔊 52 ≈ SON Imparfait ou conditionnel ? Écoutez et cochez la phrase que vous entendez.

a. ☐ Il pleuvait beaucoup cet été. ☐ Il pleuvrait beaucoup cet été.
b. ☐ Nous voulions partir demain. ☐ Nous voudrions partir demain.
c. ☐ Elle pouvait venir à pied. ☐ Elle pourrait venir à pied.
d. ☐ Nous travaillions ce jour-là. ☐ Nous travaillerions ce jour-là.
e. ☐ Ils partaient tôt le matin. ☐ Ils partiraient tôt le matin.
f. ☐ Je connaissais bien ce quartier. ☐ Je connaîtrais bien ce quartier.
g. ☐ Nous prenions le métro à Paris. ☐ Nous prendrions le métro à Paris.
h. ☐ Tu faisais beaucoup de sport. ☐ Tu ferais beaucoup de sport.

21 Coloriez en bleu les mots où on prononce la voyelle nasale [ɛ̃] (comme dans « pain »), en rouge les mots où on prononce le son [s] (comme dans « tasse »), en vert les mots où on prononce le son [waj] (comme dans « voyez ») et en jaune les mots où on prononce le son [z] (comme dans « cousin »).

plaisir	poisson	désert	puis	chameau	sable
passion	plage	voyage	main	zoo	pluie
inouï	oiseau	caisse	payer	dessert	moyen
foyer	pingouin	Paris	soyez	patient	moi
chemin	maison	vin	fleur	prince	royaume

22 Écrivez des phrases qui contiennent trois mots de couleurs différentes et lisez-les à voix haute.

....

....

10 Bon public

Audios sur espacevirtuel

---

1 🔊 53 Écoutez les phrases et écrivez le numéro qui correspond aux réactions suivantes.

- ☐ Comment elle fait pour ne pas mélanger tous les personnages ?
- ☐ *1* Il écoute un peu trop les conseils de ses amis.
- ☐ Elle spoile.
- ☐ Il regarde tous les épisodes à la suite.
- ☐ Il a des goûts très particuliers.
- ☐ Elle a besoin de conseils.
- ☐ Il n'a pas besoin de compagnie.
- ☐ Elle ne veut pas savoir la fin ?
- ☐ Il veut faire des progrès en langue.

---

2 Lisez ces témoignages et complétez avec le pronom démonstratif correct : **celui**, **celle**, **ceux**, **celles**.

a. En général, je ne regarde pas trop de séries. Je n'ai pas le temps. J'aime bien _____ qui ont des épisodes très courts et très peu de saisons. Je ne regarde pas _____ qui dure depuis des années et dont tout le monde parle.

b. Moi, j'aime bien les films historiques. J'adore _____ qui se passent dans l'Antiquité. J'aime beaucoup les films de science-fiction mais _____ que je préfère, c'est *Interstellar*.

c. Je suis réalisateur. Quand je fais un film, je ne lis pas les articles qui parlent de mon film. Mes amis me résument _____ qui sont positifs et ils cachent les critiques négatives, _____ qui pourraient me rendre triste.

d. J'aime bien les films de François Ozon, surtout _____ de ses débuts. Je suis fan de _____ avec l'écrivaine de romans policiers dans le Sud de la France.

10 Bon public

3 Complétez le texte avec les mots dans les étiquettes.

doublage · écran · rangée · fauteuils · salle · séance · spectateur · public · sous-titres · place

Hier, je suis allé au cinéma. J'ai de la chance, il y a une _____ pas loin de chez moi. Comme je ne travaille pas l'après-midi, j'ai pu aller à la _____ de 16 h. C'est moins cher. J'aime bien arriver tôt, pour choisir ma _____. En général, j'aime être assis en haut, au milieu, en face de l'_____. Je me suis assis, mais 10 minutes plus tard, un _____ est venu vers moi dans la _____ et a dit : « Excusez-moi, c'est ma place ». Les tickets étaient numérotés... Alors, j'ai changé de place. Il n'y avait pas beaucoup de monde. La salle était grande et les _____ confortables, mais j'avais oublié que le mercredi après-midi, les films ne sont pas en VO. Je suis bon _____, mais je déteste le _____. Je préfère vraiment lire les _____.

4 🔊 54 Écoutez les extraits de conversation et écrivez le numéro de ce qui est décrit.

a. La saison d'une série : n° _____
b. Les dialogues d'une pièce de théâtre : n° _____
c. Les romans d'une saga : n° _____
d. Les scènes d'une série : n° _____
e. Un film dans une trilogie : n° _____
f. Un jeu à la télévision : n° _____

5 Mettez les lettres dans l'ordre pour reconstituer les catégories.

Les Césars du cinéma sont des récompenses cinématographiques, en France. Voici quelques catégories :

▸ Meilleur film
▸ Meilleure réalisation
▸ Meilleur C E R T U A
  acteur
▸ Meilleure C A I C E R T
  _____
▸ Meilleur second L E R Ô masculin/féminin
  _____
▸ Meilleur espoir masculin/féminin
▸ Meilleur I N É C A S R O
  _____ original
▸ Meilleure adaptation
▸ Meilleurs É O S C R D
  _____
▸ Meilleurs T O M E S U C S
  _____
▸ Meilleurs effets visuels
▸ Meilleure Q S M U I U E
  _____ originale
▸ Meilleur film étranger
▸ Meilleur film d'animation
▸ Meilleur film T O D U E A C I N E R M
  _____

6 Choisissez un film ou une série que vous n'avez pas aimé. Expliquez pourquoi à l'aide des éléments suivants : les comédiens, l'histoire, les dialogues, etc. (80 mots environ)

_____
_____
_____
_____

7 Finissez les phrases avec **tout** + gérondif pour exprimer la simultanéité.

a. Elle arrive à écrire des mails (**regarder**) ....
b. Les jeunes réussissent à discuter (**s'envoyer**) ....
c. Peu d'actrices jouent dans des séries télé (**avoir**) ....
d. Ce comédien joue dans beaucoup de films (**être**) ....
e. Comment tu fais pour écouter les dialogues en anglais (**lire**) ....
....
f. Ça m'amuse de réviser mon anglais (**apprendre**) ....

8 Cochez **pendant** ou **pendant que**.

a. Va prendre ta douche, ○ **pendant que** / ○ **pendant** ce temps, je choisis le film de ce soir.
b. Il passe l'aspirateur ○ **pendant** / ○ **pendant que** je regarde ma série préférée.
c. Ils jouent aux jeux vidéo ○ **pendant que** / ○ **pendant** leurs parents ne sont pas là.
d. Il y a eu une coupure d'électricité ○ **pendant** / ○ **pendant que** ma réunion en ligne.
e. Il y a eu un problème de WiFi ○ **pendant que** / ○ **pendant** je téléchargeais une série.
f. C'est toujours ○ **pendant que** / ○ **pendant** la meilleure scène du film que le téléphone sonne.

9 Entourez le bon pronom relatif.

a. Comment s'appelait cette série **que** / **dont** tout le monde se moquait quand on était ado ?
b. J'ai commencé une série **que** / **dont** j'ai abandonnée au bout de trois épisodes.
c. Elle a vu une vidéo horrible **que** / **dont** elle se souviendra toute sa vie.
d. Quel est le dernier film **que** / **dont** vous avez vu ?
e. Les scènes de poursuite, c'est un truc **que** / **dont** j'ai horreur dans les films policiers.
f. C'est l'acteur **que** / **dont** toutes les filles de l'école étaient amoureuses. Tous les matins, elles commentaient l'épisode **qu'** / **dont** elles avaient vu la veille.

10 🔊 55 Écoutez l'interview de l'actrice et finissez les phrases avec **dont** et les expressions dans les étiquettes.

| ~~avoir besoin~~ | avoir envie | avoir horreur | avoir peur | être fier | avoir honte | être fan |

a. Un café, c'est une chose *dont elle a besoin.*
b. Son prochain film, c'est une chose ....
c. Les interviews, c'est une chose ....
d. Sa carrière à la télé, c'est une chose ....
e. Son premier film, c'est une chose ....
f. Un rôle de femme politique, c'est une chose ....
g. Son mari, c'est un acteur ....

10 Bon public

11 🔊 56 Écoutez les phrases et écrivez le numéro qui correspond aux réactions suivantes.

☐ Ça suffit !   ☐ C'est insupportable.
☐ Ça m'énerve !   ☐ Ça ne se fait pas.
☐ C'est un manque de respect.   ☐ C'est pénible !

12 Faites une seule phrase pour éviter les répétitions, à l'aide du pronom relatif **dont**.

a. Je regarde une série. Les épisodes de cette série ne se suivent pas.
Je regarde une série dont les épisodes ne se suivent pas.

b. Il regardait une série. Le personnage principal de cette série était un extraterrestre.
....

c. Ils sont absolument fans d'une série française. La dernière saison de cette série serait en préparation.
....

d. Les enfants regardent une série. Ils connaissent les dialogues de cette série par cœur.
....

e. Elle m'a conseillé une série. Elle ne rate aucun épisode de cette série.
....

13 Associez les débuts et les fins des questions.

Quel/le spectateur/trice êtes-vous ?

a. Tu préfères aller au cinéma ou   ☐ le doublage ?
b. Tu préfères voir la télé en streaming ou   ☐ en direct ?
c. Tu préfères regarder la télé sur ta tablette ou   ☐ sur le grand écran du salon ?
d. Tu préfères les sous-titres ou   ☐ des films ?
e. Tu préfères les séries américaines ou   ☐ les comédies musicales ?
f. Tu préfères regarder des séries ou   ☐ les comédies ?
g. Tu préfères les drames ou   ☐ regarder un film sur ton canapé ?
h. Tu préfères les pièces de théâtre ou   ☐ de ton pays ?

14 Rédigez un texte pour faire votre portrait de spectateur/trice à l'aide des questions de l'activité précédente.

....
....
....

15 Lisez le texte et répondez aux questions par vrai ou faux.

Téléfilm, série, feuilleton : quelle est la différence ?

Arrêtez de dire « *Game of Thrones* est ma série préférée », et dites plutôt « c'est mon feuilleton préféré ». D'ailleurs, si vous commencez à lire cet article, c'est que vous faites (certainement) partie des personnes qui confondent (sans vous en rendre compte) le feuilleton, la série et le téléfilm. [...] Explications.

↘ **Le feuilleton**, à la différence de la série, s'apparente à une fiction dont les épisodes se suivent et ne peuvent se voir indépendamment les uns des autres. C'est-à-dire qu'il est impossible de saisir l'intrigue de ce programme si l'on ne suit pas chaque épisode. Le programme s'étend généralement sur de nombreuses saisons qui peuvent donner l'impression d'une intrigue interminable. [...]

Les origines du feuilleton proviennent de la presse. Avant d'apparaître à la télé, ils étaient publiés à l'écrit dans les journaux, ce qui permettait aux lecteurs de suivre une histoire épisodiquement.

↘ **La série** n'a en fait rien à voir avec ce que l'on pense. [...] La série est en effet proche du feuilleton dans le cas où elle dispose de personnages récurrents tout au long de ses épisodes. Mais la grande différence réside dans son intrigue. Chaque épisode a un début et une fin, indépendants des épisodes précédents. [...] Les téléspectateurs peuvent ainsi faire une pause le temps d'un épisode - voire une saison - avant de reprendre sans perdre le fil de l'histoire.

↘ **Le téléfilm** est, quant à lui, similaire à la série. Conçu uniquement pour la télévision, il est plus long qu'un épisode de série et moins long qu'un film. Pour autant, sa durée est suffisante pour y raconter une histoire entière. C'est le cas de *Columbo* [...] où chaque programmation est un téléfilm à lui seul et ne nécessite pas un autre épisode pour connaître la suite. S'il y a plusieurs épisodes, on parle alors de « télésuite » ou de « mini-série ». [...]

Conclusion [...] : ce que vous pensez être une série est en fait... un feuilleton.

Par Merwane Mehadji, tvmag.figaro.fr, 17/07/15

a. Un feuilleton est la même chose qu'une série. ○ Vrai ○ Faux
b. Pour comprendre un feuilleton, il faut voir tous les épisodes dans l'ordre. ○ Vrai ○ Faux
c. Les premiers feuilletons se trouvaient dans les journaux papier. ○ Vrai ○ Faux
d. Dans une série, tous les épisodes ont un début et une fin. ○ Vrai ○ Faux
e. Un téléfilm a une durée supérieure à celle d'un film. ○ Vrai ○ Faux
f. On appelle « série » des programmes qui sont des feuilletons. ○ Vrai ○ Faux

16 Complétez les phrases avec **chaque**, **quelques**, **plusieurs** ou **la plupart**.

a. Ma sœur regarde _____ séries en même temps, mais elle n'en finit aucune.
b. Je n'ai pas vu la série en entier, j'ai vu seulement _____ épisodes.
c. Mon fils apprend l'espagnol avec sa série préférée. Il regarde _____ épisode deux fois : une fois avec les sous-titres, une fois sans.
d. En France, _____ des séries sont américaines et elles sont toutes doublées.
e. Hier soir, j'ai vu _____ fois le même épisode d'une série sans le savoir.
f. Ma femme n'est pas aussi bon public que moi. _____ du temps, elle s'ennuie.

10 Bon public

17 Reformulez les éléments soulignés dans les phrases suivantes avec **malgré** ou **malgré tout**, comme dans l'exemple.

a. Je regarde des séries même si elles sont de mauvaise qualité.
   Je regarde des séries malgré leur mauvaise qualité.

b. Le scénario n'est pas bon. Pourtant, elle aime le film.

c. Même si le doublage est mauvais, ils ne ratent pas un épisode de leur série préférée.

d. Je déteste ce programme. Cependant, il a beaucoup de qualités.

e. On visionne des vidéos sur YouTube bien qu'il y ait des publicités fréquentes.

f. Il arrive à dormir devant la télé bien que l'écran fasse de la lumière.

g. C'est mon film préféré cependant tout est nul dedans : les acteurs, le scénario, etc.

18 Associez les définitions aux mots.

a. Synonyme de *télé*, contraire du grand écran dans les cinémas.
b. Programme quotidien d'informations présenté par un journaliste télé.
c. Émission où des candidats sont filmés pratiquement 24 h sur 24.
d. Programme court présentant un produit ou un évènement.
e. Moment pendant lequel des amis regardent la télé ensemble.
f. Personne qui regarde la télévision.
g. Programme court qui présente un film.

- le journal télévisé
- une publicité
- une bande-annonce
- une soirée télé
- le petit écran
- un téléspectateur
- la téléréalité

19 Vous préférez voir des films au cinéma ou à la télévision ? Expliquez votre préférence et montrez les avantages et les inconvénients des deux situations. (100 mots environ)

Cinéma ou télévision ?

20 Complétez les phrases avec l'adjectif correct. Attention aux accords en genre et en nombre.

maladroit   paresseux   naïf   brillant   ambitieux   idéaliste   incompétent

a. Ils ont de grands projets pour leur futur. Ils sont plutôt _____
b. Elle croit tout ce qu'elle voit à la télé. Elle est assez _____
c. Il réussit tout ce qu'il fait avec facilité. C'est quelqu'un de _____
d. Elle casse tout ce qu'elle touche. Elle est hyper _____
e. Ils sont mauvais dans leur travail et ne savent rien faire. Ils sont _____
f. Elles voudraient que le monde soit parfait. Elles sont carrément _____
g. Ils ne montrent pas une grande motivation dans le travail. Ils sont _____

21 Complétez avec le mot interrogatif adéquat.

a. Mes enfants ne regardent pas la télévision à des horaires précis. Ils regardent des programmes en streaming n'importe _____. Ils regardent surtout des youtubeurs qui font n'importe _____.
b. Avec leurs smartphones, ils peuvent regarder des séries n'importe _____ dans les transports. C'est bien, mais je trouve qu'ils s'assoient n'importe _____.
c. Quand j'étais jeune, je regardais n'importe _____ à la télé. Il y avait beaucoup de programmes de téléréalité où n'importe _____ pouvait devenir une star.
d. Ma grand-mère regarde n'importe _____ série, mais elle aime surtout les feuilletons de l'après-midi. Le matin, elle ne rate pas ses jeux préférés, surtout celui où n'importe _____ téléspectateur peut gagner en envoyant sa réponse par SMS.

22 🔊 57 Écoutez la chronique radio et répondez aux questions.

a. La chronique veut convaincre les auditeurs de…
  ○ visionner moins de films.
  ○ regarder des documentaires.
  ○ s'abonner à des plateformes.

b. Pour le chroniqueur, qu'est-ce qui caractérise les plateformes ?
  ○ La petite quantité de documentaires.
  ○ La variété et la quantité de bons documentaires.
  ○ La mauvaise qualité des documentaires proposés.

c. Voir un documentaire ne remplace pas la lecture d'un article Wikipédia.   ○ Vrai   ○ Faux

d. Pour le chroniqueur, un documentaire peut avoir un grand avantage…
  ○ écologique.   ○ sociologique.   ○ économique.

e. Pour le chroniqueur, visionner des documentaires participe au développement personnel.   ○ Vrai   ○ Faux

f. Qu'est-ce qui a des conséquences sur notre état d'esprit, selon le chroniqueur ?
  ○ Les documentaires animaliers.
  ○ La télévision trop souvent allumée.
  ○ 30 minutes de publicité chaque jour.

10 Bon public

PHONÉTIQUE

23 🔊 58 ≈ SON Écoutez les phrases et indiquez si elles expriment l'agacement ou non.

		Oui	Non
a.	Vous auriez pu me prévenir avant !		
b.	Ce n'est pas un peu trop fort ?		
c.	Je vous l'ai déjà dit au moins dix fois.		
d.	Ce n'est pas comme cela que tu vas réussir !		
e.	Non, merci, je ne veux plus de café.		
f.	Je vous le dirai bientôt.		
g.	Vous n'avez rien à faire ?		
h.	Vous voulez vraiment faire ça ?		

24 Répétez les phrases de l'exercice précédent qui expriment l'agacement en imitant l'intonation.

25 Cochez le nombre de syllabes dans les phrases suivantes.

		1	2	3	4
a.	C'est facile à dire.				
b.	Je n'aime pas ça !				
c.	Dis-moi.				
d.	Où vas-tu ?				
e.	Qu'est-ce que tu veux ?				
f.	Entrez !				
g.	Je n'ai pas faim.				
h.	Ils ne savaient pas.				

26 Répétez les phrases de l'exercice précédent. Marquez bien les syllabes.

27 🔊 59 ≈ SON Écoutez les phrases suivantes et mettez des barres (/) pour séparer les groupes de souffle.

    a. Samedi soir, / mes amis et moi, / nous irons / au cinéma. /

    b. Hier matin, Jean et Sophie sont venus te chercher.

    c. Tu devrais m'aider à porter ces cartons.

    d. Elle a peur que les invités arrivent en retard.

    e. Tu devrais travailler un peu plus à l'école.

    f. J'ai besoin de vacances pour me reposer.

    g. Lidwine va passer ses vacances à Nice.

    h. Mes voisins font beaucoup de bruit la nuit.

11 Quelle histoire !

Audios sur espacevirtuel

1 Complétez le texte avec les verbes dans les étiquettes.

célèbre   commémore   mettent   met   rend

Les pièces de deux euros commémoratives .... à l'honneur des personnages historiques ou des évènements importants. Par exemple, en 2004, la Grèce .... ses Jeux olympiques. Régulièrement, l'Italie .... hommage à ses grands artistes de la Renaissance : Donatello, Léonard de Vinci, etc. Depuis 2010, l'Espagne .... à l'honneur ses sites inscrits au patrimoine mondial de l'UNESCO. En 2018, la France .... le centenaire de la fin de la Première Guerre mondiale.

2 Transformez les phrases à la voix passive.

a. On a découvert beaucoup d'objets préhistoriques dans la grotte de Lascaux.

b. On a créé le bonhomme Michelin en 1898.

c. Uderzo et Goscinny ont créé la BD *Astérix et Obélix*.

d. On a construit la tour Eiffel pour l'exposition universelle de 1889.

e. Obélix n'a pas sculpté les menhirs de Bretagne.

f. On a inscrit la Maison Carrée de Nîmes sur la liste de l'UNESCO en 2023.

g. 1 053 943 visiteurs ont visité le château de Chambord en 2022.

11 Quelle histoire !

3 🔊 60 Écoutez les phrases du responsable d'un site archéologique et réécrivez-les à la voix passive (respectez les temps : présent ou passé composé).

a. ....
b. ....
c. ....
d. ....
e. ....
f. ....
g. ....

4 Nommez ces éléments du patrimoine culturel français à l'aide des étiquettes. Faites des recherches si nécessaire.

un monument   un personnage célèbre   une œuvre d'art   un évènement   une légende
une tradition festive   un site archéologique   un savoir-faire artisanal

la porcelaine de Limoges

le bonhomme Michelin

la prise de la Bastille

le théâtre antique de Lyon

la galette des rois

la tour Eiffel

la bête du Gévaudan

le tableau *La Joconde*

5 Entourez le bon mot dans les phrases.

a. La guerre des Gaules, c'était en **moins** / **avant** 50, environ.
b. La reine Cléopâtre est née à Alexandrie en 69 **moins** / **avant** J.-C.
c. Les pyramides d'Égypte **datent** / **ont** d'environ 5 000 ans.
d. Les menhirs datent de l'âge de bronze, entre 4 500 et 2 500 avant notre **période** / **ère**.
e. Les tomates sont arrivées en Europe à l'**époque** / **ère** des voyages de Christophe Colomb.

6 Entourez le bon mot dans le texte.

> Le patrimoine mondial de l'UNESCO, c'est tout ce qui a un intérêt exceptionnel pour **l'humanité / le héros**.
> La baguette française a été inscrite à la liste du patrimoine **matériel / immatériel** de l'humanité de l'UNESCO, ou plutôt l'ensemble des savoir-faire **artistiques / artisanaux** liés au pain.
> Cette liste contient des **traditions / mythes** orales comme les légendes, des **évènements / pratiques sociales**, des connaissances. Ce sont des choses parfois abstraites, créées par l'humanité, et qui font partie de notre **ruine / patrimoine** !

7 Réécrivez les phrases au conditionnel présent ou passé.

a. On raconte que Vercingétorix <u>est né</u> au premier siècle avant J.-C.

b. Certains Gaulois <u>ont adopté</u> les traditions romaines avec facilité.

c. Il y <u>a eu</u> des dialectes gaulois.

d. Le mot « gaulois » <u>vient</u> du grec « galate » qui signifie envahisseurs.

e. Les menhirs sont un mystère. Ils <u>ont été utilisés</u> comme des temples.

f. Des hypothèses précisent que les menhirs <u>ont été construits</u> pour limiter les forêts.

g. Pour certains archéologues, l'hypothèse que les menhirs soient des véhicules en bois <u>est</u> plus crédible.

8 Associez les phrases à ce que le conditionnel exprime.

a. Vous n'auriez pas dû parler de la guerre des Gaules à mon fils. Il est trop jeune.

b. Tu n'as jamais lu un *Astérix* ? Tu devrais.

c. Sans Uderzo et Goscinny, on n'aurait pas eu de héros national.

d. Dans les années 50, on ne leur a pas dit que leurs héros deviendraient des symboles.

e. Si nous étions des personnages de BD, je serais Astérix et toi, Panoramix !

f. Selon la rumeur, la BD *Astérix et Obélix* devrait être adaptée en comédie musicale.

g. Vous pourriez lire *Astérix* en français pour faire des progrès.

- Discours rapporté
- Information non vérifiée
- Reproche
- Conseil
- Hypothèse imaginaire

11 Quelle histoire !

9 Lisez la frise historique que les élèves étudient en France et complétez les phrases.

a. L' _____ contemporaine (la nôtre) commence vers le 19ᵉ siècle.

b. C'est pendant le _____ qu'on construit des châteaux forts.

c. À la _____ les hommes vivent dans des grottes, dessinent sur les murs et chassent des animaux.

d. Le roi Louis XVI et Napoléon ont vécu pendant une période appelée les _____ .

e. Les Romains arrivent en Gaule (ancien nom de la France) à l' _____ .

10 Remplacez les éléments soulignés par le pronom **on** et faites les changements nécessaires.

a. À Figeac, les habitants sont fiers de leur patrimoine.

b. Avant, les gens pensaient que la Terre était plate.

c. Des gens m'ont parlé d'une légende locale.

d. Les visiteurs disent souvent que Champollion est un génie.

e. Quelqu'un m'a expliqué que le Colisée de Rome datait de 72 après J.-C.

11 🔊 61 Écoutez les phrases et cochez dans le tableau la case qui correspond.

	C'est conseillé	C'est déconseillé
a. La forteresse de Salses		
b. Narbonne		
c. L'hôtel Pams à Perpignan		
d. Le musée des Sciences naturelles		
e. La Creuse		
f. Le musée du Mémorial du Camp de Rivesaltes		
g. L'exposition sur l'écologie		

12 Écrivez un message à un/e ami/e francophone pour lui conseiller ou lui déconseiller une visite. Vous argumentez votre opinion. (50 mots environ)

....
....
....
....

13 🔊 62 Écoutez le reportage radio et cochez vrai ou faux.

a. La ville de Nîmes a été fondée par les Gaulois. ⚪ Vrai ⚪ Faux

b. Le temple romain a été inscrit au patrimoine mondial de l'UNESCO malgré son mauvais état de conservation. ⚪ Vrai ⚪ Faux

c. Le temple romain de Nîmes date de 2 000 ans. ⚪ Vrai ⚪ Faux

d. Jusqu'à 2023, 50 monuments et éléments français étaient inscrits sur la liste de l'UNESCO. ⚪ Vrai ⚪ Faux

e. Nîmes avait déjà fait un dossier pour être sur la liste. ⚪ Vrai ⚪ Faux

f. D'autres monuments de la région ont été inscrits sur la liste avant la Maison Carrée. ⚪ Vrai ⚪ Faux

g. Des spectacles sont organisés dans la Maison Carrée. ⚪ Vrai ⚪ Faux

14 🔊 63 Écoutez l'introduction du discours de Monia et numérotez dans l'ordre les trois parties de sa présentation. Quelles parties ne sont pas dans la présentation ?

☐ Les batailles romaines en Tunisie.

☐ Le tourisme et l'archéologie en Tunisie.

☐ Les fêtes traditionnelles tunisiennes.

☐ L'histoire antique tunisienne.

☐ Un patrimoine menacé.

11 Quelle histoire !

15 🔊 64 Écoutez ces extraits de discours et cochez ce que disent les personnes.

Que dit la personne pour...
- **a.** donner une précision ? ○ Comme par exemple... ○ Enfin presque...
- **b.** s'assurer d'avoir compris ? ○ Si je comprends bien... ○ En fait...
- **c.** faire une digression ? ○ C'est-à-dire que... ○ À propos de/du...
- **d.** se corriger ? ○ En fait, pas exactement. ○ Est-ce que je suis clair/e ?
- **e.** finir une digression ? ○ Revenons à... ○ Si je comprends bien...
- **f.** s'assurer d'avoir compris ? ○ C'est-à-dire ? ○ C'est ça ?

16 Conjuguez les verbes au temps et au mode corrects. Attention à la concordance des temps.

En attendant les retardataires, le guide nous a demandé si on (**connaître**) _____ un peu la région, si on (**aller**) _____ à Arles et à Nîmes avant de venir à Orange. Il nous a conseillé d'y (**aller**) _____. Il a dit qu'il y (**avoir**) _____ de très beaux monuments romains.
Après, il nous a dit que notre visite du théâtre (**durer**) _____ 1 heure.
Pendant qu'on marchait, il a nous a expliqué que le théâtre (**construire**) _____ au premier siècle avant J.-C., qu'il (**être**) _____ inscrit sur la liste du patrimoine mondial de l'UNESCO depuis 1981.
À la fin de la visite, je lui ai demandé s'il y (**avoir**) _____ d'autres théâtres antiques aussi bien conservés en France. Il m'a dit que c'(**être**) _____ le seul.

Théâtre antique d'Orange

17 🔊 65 Écoutez et complétez les phrases au discours rapporté.
- **a.** On m'a dit _____
- **b.** On m'a demandé _____
- **c.** On m'a conseillé _____
- **d.** On m'a prévenu _____
- **e.** On m'a dit _____
- **f.** On m'a aussi conseillé _____

18 Rédigez la présentation d'un monument de votre pays. Expliquez la période de construction et pourquoi il est important d'un point de vue historique, culturel et touristique. (120 mots environ)

_____
_____
_____
_____

19 Lisez l'article et complétez-le avec les mots dans les étiquettes.

musée | civilisation | victoire | pièce | batailles | peuple | visiteur

À la découverte du musée archéologique de Gergovie

C'est un lieu qui attire de plus en plus de curieux, à quelques kilomètres de Clermont-Ferrand : le musée de Gergovie. Chaque année, 40 000 visiteurs poussent les portes du musée archéologique. Il a pour fil conducteur l'une des plus célèbres _____ de l'histoire de France.

À quelques kilomètres de Clermont-Ferrand, on trouve le plateau de Gergovie. C'est le symbole de la résistance gauloise. C'est ici, en 52 avant J.-C., que Vercingétorix remporte son unique _____ face à Jules César. Frédéric Nancel, directeur du musée de Gergovie, explique : « *Au cœur du musée, avec les scénographes et les muséographes, on a voulu présenter la bataille,* mais en utilisant les dernières technologies [...] ».

250 objets présentés

Il poursuit : « *Dans le musée, 250 objets sont présentés, tous issus des fouilles de Gergovie et des alentours. Un objet est le plus petit du musée : c'est une* _____ *de monnaie en argent. Les Gaulois, les Arvernes, étaient un peuple qui faisait beaucoup d'échanges. Ils étaient riches grâce au monde agricole et aux échanges commerciaux. Ils échangeaient déjà avec les Romains et avec les Grecs. C'était un* _____ *ouvert sur le monde. On a aussi trouvé des balsamaires, dans lesquels les Gaulois mettaient des huiles, des parfums, des onctions. Il y a des petites pinces à épiler. Ils s'épilaient et se rasaient.* [...] ».

Un musée qui va évoluer

Frédéric Nancel continue : « *Corent est un autre* oppidum[1] *très important. Il est situé à quelques kilomètres d'ici, sur un autre plateau. C'est là qu'on a découvert une cotte de maille[2], qu'on appelle* le trophée, *et qui a été inventée par les Gaulois* ». Le _____ va évoluer : « *Dans les années à venir, il nous faut un lieu pour accueillir du public : il y aura un musée plus important sur l'histoire de la* _____ *gauloise. On veut faire un archéosite avec peut-être la reconstitution d'une ferme gauloise, pas très loin de Clermont-Ferrand. On veut que le* _____ *puisse avoir une expérience globale. L'idée est de partir d'un endroit et de pouvoir emmener les visiteurs se balader avec des navettes* ». Pour ce projet, il faudra patienter encore un peu : il est prévu à l'horizon 2029.

1 zone d'habitation gauloise, généralement sur une colline
2 élément d'un vêtement de guerre

Par Catherine Lopes, francetvinfo.fr, 27/05/2023

---

20 Lisez une nouvelle fois l'article et cochez la bonne réponse.

a. Le musée de Gergovie met à l'honneur...
 ○ la bataille du même nom.
 ○ le patrimoine romain.
 ○ les nouvelles technologies.

b. Les objets présentés dans le musée...
 ○ ont été achetés à d'autres musées.
 ○ ont été trouvés dans la région.
 ○ ont été restaurés grâce à des techniques modernes.

c. Dans le musée, on comprend que les Gaulois...
 ○ utilisaient une monnaie particulière.
 ○ étaient des commerçants internationaux.
 ○ donnaient peu d'importance au bien-être.

d. D'après Frédéric Nancel, qu'est-ce que les Gaulois ont inventé ?
 ○ La cotte de maille.
 ○ La pince à épiler.
 ○ La ferme.

e. À partir de 2029, le musée...
 ○ sera composé de plusieurs sites.
 ○ sera fermé les week-ends.
 ○ sera déplacé pas trop loin de la ville.

11 Quelle histoire !

PHONÉTIQUE

21 Lisez ces mots. Comment prononcez-vous le *h* dans ces mots ? Cochez la bonne réponse.

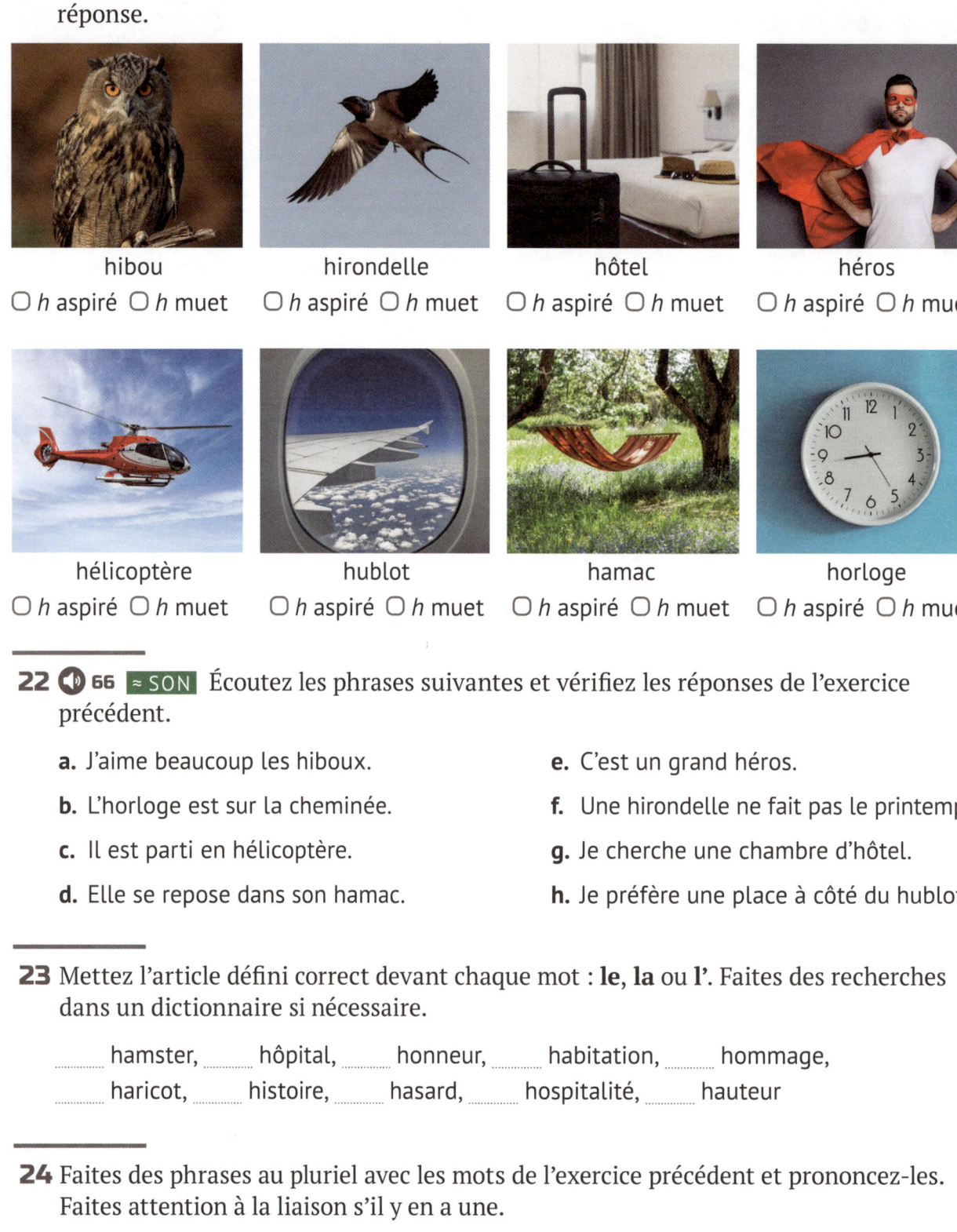

hibou — ○ *h* aspiré ○ *h* muet
hirondelle — ○ *h* aspiré ○ *h* muet
hôtel — ○ *h* aspiré ○ *h* muet
héros — ○ *h* aspiré ○ *h* muet

hélicoptère — ○ *h* aspiré ○ *h* muet
hublot — ○ *h* aspiré ○ *h* muet
hamac — ○ *h* aspiré ○ *h* muet
horloge — ○ *h* aspiré ○ *h* muet

22 🔊 66 ≈ SON Écoutez les phrases suivantes et vérifiez les réponses de l'exercice précédent.

a. J'aime beaucoup les hiboux.
b. L'horloge est sur la cheminée.
c. Il est parti en hélicoptère.
d. Elle se repose dans son hamac.
e. C'est un grand héros.
f. Une hirondelle ne fait pas le printemps.
g. Je cherche une chambre d'hôtel.
h. Je préfère une place à côté du hublot.

23 Mettez l'article défini correct devant chaque mot : **le**, **la** ou **l'**. Faites des recherches dans un dictionnaire si nécessaire.

.... hamster, ... hôpital, ... honneur, ... habitation, ... hommage, ... haricot, ... histoire, ... hasard, ... hospitalité, ... hauteur

24 Faites des phrases au pluriel avec les mots de l'exercice précédent et prononcez-les. Faites attention à la liaison s'il y en a une.

Les hamsters sont des animaux sympas.

12 C'est la vie !

Audios sur espacevirtuel

1 Lisez le texte et soulignez les comportements impolis. Puis transformez quatre autres comportements de M. Malpoli en comportements polis, comme dans l'exemple.

La folle journée de Monsieur Malpoli

C'est tous les jours la même routine ! Dès le matin, M. Malpoli prend le métro et <u>ne cède pas sa place aux personnes âgées</u>.

Arrivé au travail, il ne dit bonjour à personne. Pendant les réunions, il interrompt ses collègues et n'hésite pas à critiquer leurs idées. À la pause déjeuner, il coupe la file d'attente à la cafétéria. Il s'assoit à la table d'un groupe, raconte des anecdotes interminables sur sa vie et ne laisse personne parler.

Son comportement ne s'améliore pas l'après-midi. Il n'est jamais à l'heure aux rendez-vous avec les clients de son entreprise et il se sert du matériel de ses collègues sans leur demander la permission.

La soirée s'annonce terrible. Au restaurant, M. Malpoli se comporte de manière grossière avec les employés. Il parle fort, il se plaint des menus et exige un service immédiat. Bien entendu, il ne remercie pas les serveurs et les serveuses du restaurant. En rentrant chez lui, il croise son voisin et il ne lui dit pas bonsoir. Il allume ensuite la télévision et augmente le son sans se soucier de ses voisins.

M. Malpoli, épuisé par sa journée d'impolitesse, s'endort enfin… Il rêve d'un monde où il serait le seul à exister car il en a marre des gens qui manquent de savoir-vivre !

a. Comportement 1 : M. Malpoli ne cède pas sa place dans le métro.
 → *Il pourrait être poli et céder sa place aux personnes âgées.*

b. Comportement 2 :
 →

c. Comportement 3 :
 →

d. Comportement 4 :
 →

e. Comportement 5 :
 →

12 C'est la vie !

2 Réécrivez les phrases et remplacez les expressions soulignées par **comme**.

a. Il a remporté la course <u>grâce à</u> son entraînement régulier.
Comme il s'entraîne de manière régulière, il a remporté la course.

b. Le match de rugby est annulé <u>à cause de</u> la pluie.
....

c. <u>Grâce à</u> l'aide de mes amis, j'ai réussi à déménager en 24 heures.
....

d. Elles ont pu acheter une maison <u>grâce à</u> un prêt immobilier avantageux.
....

e. Je n'ose pas prendre la parole en public <u>à cause de</u> ma timidité.
....

f. Juliette ne vient pas au concert <u>à cause de</u> son rendez-vous chez le médecin.
....

3 Finissez les phrases avec une expression de la cause : **grâce à** ou **à cause de**.

a. J'ai dû annuler mon pique-nique ....
b. Je me suis réconcilié avec la campagne ....
c. Les enfants n'ont pas pu dormir ....
d. J'ai fait des progrès en chinois ....
e. Il ne peut pas manger de chocolat ....
f. Cette ville est désagréable ....
g. Elle a obtenu le métier de ses rêves ....

4 🔊 67 Écoutez les dialogues et cochez la bonne réponse. Justifiez avec les expressions entendues quand une personne exprime l'indifférence.

	Exprime l'indifférence	N'exprime pas l'indifférence	Expressions de l'indifférence
Dialogue 1			
Dialogue 2			
Dialogue 3			
Dialogue 4			
Dialogue 5			
Dialogue 6			

5 Répondez à ces personnes impolies avec l'expression **ça ne se fait pas de** + infinitif.

a. Je t'ai pris ton pull rouge pour aller au restaurant.
Ça ne se fait pas de prendre un vêtement sans demander la permission.

b. Je peux manger ces gâteaux avant le repas ?
....

c. Tu peux téléphoner à Serge, s'il te plaît, même s'il est en train de dormir ?
....

d. Je trouve les transports en commun beaucoup trop chers. Aujourd'hui, je ne paie pas.
....

e. Tu as vu sa robe ! Je lui ai dit qu'elle n'est vraiment pas belle !
....

f. Je ne peux pas venir à ton mariage demain.
....

6 Lisez le témoignage d'Alice et les questions puis faites des hypothèses sur le passé.

J'AI TENTÉ L'AVENTURE ET JE NE REGRETTE ABSOLUMENT PAS !

ALICE, 24 ANS

Bonjour c'est Alice. Avant, j'avais peur de quitter mon pays. Je n'osais pas partir en voyage car je ne parlais aucune langue étrangère. Un jour, je me suis dit qu'il était temps d'être courageuse : j'ai décidé de partir pendant un an en voyage afin de découvrir l'Europe. Comme je voulais être libre de mes choix et de mes envies, j'ai choisi de voyager seule.
Durant mon voyage, j'ai rencontré des gens vraiment fascinants : des artistes, des aventuriers, des écrivains, etc. Grâce à ces rencontres, j'ai développé mon ouverture d'esprit et j'ai beaucoup appris sur l'art, la culture et les règles de politesse des pays visités. Saviez-vous, par exemple, qu'en Angleterre, pour monter dans le bus, on doit respecter la file d'attente ? Ce n'est pas du tout comme en France !

Mais, parmi toutes ces rencontres, il y en a une qui a réellement changé ma vie. Pendant que je visitais Milan, j'ai croisé le regard d'un inconnu, Lorenzo. Ensemble, nous avons partagé des moments magiques et visité des lieux merveilleux en Italie. J'ai même pu apprendre l'italien avec lui. Chaque jour était une aventure. J'ai goûté des plats exotiques, j'ai gravi des montagnes et je me suis baignée dans des eaux limpides. Je suis rentrée chez moi avec la tête pleine de merveilleux souvenirs. C'était une expérience inoubliable, je ne regrette pas d'être partie loin de ma zone de confort.

a. Que se serait-il passé si Alice n'avait pas été courageuse ?
....

b. Que se serait-il passé si Alice avait choisi de voyager avec un groupe d'amis ?
....

c. Que se serait-il passé si Alice n'avait pas rencontré des personnes fascinantes ?
....

d. Que se serait-il passé si Alice n'avait pas connu Lorenzo ?
....

e. Que se serait-il passé si Alice avait eu une expérience désagréable lors de son voyage ?
....

12 C'est la vie !

7 🔊 68 Écoutez les phrases et cochez si c'est un regret ou un reproche.

	Regret	Reproche		Regret	Reproche
a.			d.		
b.			e.		
c.			f.		

8 Imaginez des phrases qui expriment un reproche à partir de ces images.

9 Lisez les situations puis exprimez vos regrets par SMS. Aidez-vous des étiquettes.

Si j'avais su   J'aurais dû   J'aurais pu   Je regrette de/d'

a. Vous avez oublié l'anniversaire de votre meilleur ami Ethan. Il vous en veut vraiment.

> Salut Ethan,

b. Vous avez perdu le smartphone de votre sœur Gaëlle à la gare de Lyon.

> Coucou Gaëlle,

c. Vous avez accidentellement cassé la fenêtre de votre voisin.

> Bonjour,

d. Votre meilleure amie vous a demandé de lui acheter une place de concert pour son groupe de musique préféré, mais vous avez beaucoup tardé et il n'y a plus de place.

> Salut Vincianne,

10 Formez des phrases à l'infinitif passé à partir des éléments proposés, comme dans l'exemple.

a. anniversaire / oublier / regretter / je → *Je regrette d'avoir oublié ton anniversaire.*

b. les études si tôt / abandonner / regretter / il

c. cette décision / prendre / ne pas regretter / nous

d. nourriture pas bonne / aller au restaurant / regretter / elles

e. instrument de musique / ne pas apprendre / regretter / Catherine

f. ambiance géniale / venir / ne pas regretter / je

11 🔊 69 Écoutez ces témoignages et cochez la réponse correcte.

	Rêve réalisé	Rêve non réalisé		Rêve réalisé	Rêve non réalisé
a.			d.		
b.			e.		
c.			f.		

12 Vous écrivez un témoignage dans le magazine *Psychologie et Avenir*. Le thème est le suivant : **Quel rêve avez-vous dû abandonner ?** Racontez-le et expliquez pourquoi.

13 Associez chaque phrase à la bonne réaction.

a. Je ne comprends rien à cet exercice d'italien, tant pis pour l'examen. •

b. Regarde, c'est mon projet pour sauver le monde ! Il est génial, non ? •

c. Ah bon ? Tu vas quitter ton poste ? •

d. Elle n'a pas dû aimer ton idée. •

e. Ils ont fait les courses en moins de cinq minutes. Ils sont très rapides ! •

• Ils n'ont vraiment rien oublié d'acheter ?

• Elle a vraiment détesté… Pourtant, je voulais lui organiser une fête surprise pour son anniversaire.

• Il faut vraiment que tu comprennes la logique de cette langue.

• Il est vraiment incroyable ! Bravo !

• Oui, je vais vraiment changer de boulot.

12 C'est la vie !

14 Formez des adverbes à partir des adjectifs, comme dans l'exemple.

parfait : *parfaitement*
régulier : ....
récent : ....
malheureux : ....
poli : ....

sérieux : ....
certain : ....
fou : ....
attentif : ....
courant : ....

15 Complétez les phrases avec un adverbe de l'exercice précédent.

a. Il fait du sport .... pour rester en forme.
b. Elle parle anglais ....
c. J'ai .... acheté une nouvelle voiture.
d. Elle est .... la meilleure candidate pour le poste.
e. Elle a demandé .... si elle pouvait emprunter mon stylo.
f. Il a répondu .... à toutes les questions de l'entretien.
g. Je n'ai .... pas trouvé le livre que je cherchais. Il n'est plus disponible.
h. Elle étudie .... pour réussir ses examens.

16 🔊 70 Écoutez et associez chaque affirmation au conditionnel passé à ce qu'elle exprime.

	Un reproche	Une excuse	La gratitude	Un regret	Une demande polie
a.					
b.					
c.					
d.					
e.					
f.					
g.					

17 Racontez la dernière mésaventure que vous regrettez. Expliquez pourquoi vous regrettez ce qui s'est passé et ce que vous auriez fait différemment. (100 mots environ)

....
....
....
....
....

18 Lisez l'entretien de Bruno dans un magazine et cochez les bonnes réponses.

« MA CARRIÈRE, MON RÊVE »

À l'origine avocat, Bruno a décidé de devenir artiste pour suivre sa passion. Il nous parle de son parcours dans cet entretien.

Bruno, pouvez-vous nous expliquer votre choix de carrière ?
J'ai toujours été fasciné par les arts : le dessin, la peinture et la sculpture. Mais j'ai finalement choisi une voie professionnelle plus stable. Je n'ai pas abandonné mon rêve de faire un métier artistique, je l'ai seulement mis de côté... J'ai donc fait des études de droit. Je suis devenu avocat, même si, au fond de moi, je savais que ce n'était pas ce qui me rendrait réellement heureux.

Et regrettez-vous ce choix ?
Je regrette de ne pas avoir suivi ma passion dès le début. Je m'en veux tellement d'avoir perdu tout ce temps. J'aurais également aimé profiter davantage des moments avec mes proches. J'étais tellement pris par mon travail que je n'accordais pas de temps à ma famille et mes amis. J'ai manqué des anniversaires importants, des spectacles de fin d'année et des moments de complicité avec mes enfants.

À quel moment avez-vous réalisé que vous n'étiez plus heureux dans votre carrière ?
Au début, je prenais plaisir à faire mon travail. J'adorais le contact humain, défendre mes clients, négocier des accords. Mais au fil du temps, il est devenu routinier et répétitif. Je me sentais constamment insatisfait. Je rêvais d'une autre vie, d'une carrière qui me permettrait de m'exprimer et de m'épanouir. J'ai donc arrêté mon métier d'avocat.

Avec le recul, qu'auriez-vous fait différemment ?
Je pense que j'aurais testé différents métiers artistiques. Par exemple, j'aurais pu travailler dans une compagnie de théâtre ou donner des cours d'arts plastiques. Si j'avais été plus confiant, j'aurais pu faire un métier artistique plus en accord avec mes valeurs.

Quel est votre projet pour l'avenir ?
Je vais faire plusieurs formations dans l'art du bois puis voir ce qui me plaît le plus. J'ai d'ailleurs commencé à prendre des cours de sculpture sur bois. J'espère un jour exposer mes œuvres dans des galeries. Je suis maintenant prêt à prendre des risques et à suivre ma véritable passion.

a. Quelle est la passion de Bruno ?
  ○ Le droit.
  ○ La médecine.
  ○ L'art.

b. Pourquoi a-t-il choisi de devenir avocat ?
  ○ Pour suivre sa passion.
  ○ Pour garantir son avenir.
  ○ Pour faire plaisir à ses parents.

c. Le principal regret de Bruno concernant sa carrière est…
  ○ de ne pas avoir gagné assez d'argent.
  ○ d'avoir négligé ses collègues.
  ○ de ne pas avoir suivi sa passion.

d. Quand a-t-il réalisé qu'il n'était plus heureux dans sa carrière ?
  ○ Dès le début de sa carrière.
  ○ Après une discussion avec un ami.
  ○ Quand son travail est devenu monotone.

e. S'il pouvait revenir en arrière, que ferait-il différemment ?
  ○ Il choisirait un métier avec un bon salaire.
  ○ Il voyagerait et découvrirait le monde.
  ○ Il s'orienterait vers l'art directement.

f. Qu'est-ce qui l'a empêché de suivre sa passion ?
  ○ Le manque de temps.
  ○ Le manque de confiance en lui.
  ○ La peur de l'échec.

g. De quoi rêve-t-il pour l'avenir ?
  ○ De continuer sa carrière en droit.
  ○ D'exposer ses créations.
  ○ De créer sa propre entreprise.

h. Quelle est la phrase qui résume le mieux son état d'esprit actuel ?
  ○ « Il est trop tard pour changer de carrière. »
  ○ « Je suis heureux de la vie que j'ai choisie. »
  ○ « Je suis prêt à réaliser mes rêves. »

12 C'est la vie !

PHONÉTIQUE

19 🔊 71 ≈ SON Écoutez les phrases suivantes et cochez celles qui expriment l'indifférence.

a. Qu'ils viennent ou non, ça m'est égal. ☐
b. Je ne voudrais pas vous déranger. ☐
c. Choisis le menu ; fais comme tu veux. ☐
d. Je préfère partir de bonne heure. ☐
e. On achète quelques fruits, peu importe lesquels. ☐
f. Je vais prendre ce livre si tu ne le veux pas. ☐
g. Je n'ai pas envie de sortir, il fait trop chaud. ☐
h. Tu peux aller au restaurant, ça ne me dérange pas. ☐

20 Répétez les phrases qui expriment l'indifférence. Faites attention à l'intonation.

21 Associez chaque phrase à une émotion.

a. Chouette ! On va aller au Parc Astérix ! •
b. J'ai perdu le joli collier que tu m'avais offert... C'est nul... •   • la tristesse
c. Ne fais pas ça. Je te l'ai dit mille fois. •   • la joie
d. On peut sortir ou rester à la maison, peu importe ! •   • l'indifférence
e. Il ne va plus revenir ? Oh non... •   • l'énervement
f. Ça m'est égal qu'on aille au cinéma ou non. •

22 🔊 72 ≈ SON Écoutez l'enregistrement et mettez une barre (/) pour séparer les groupes de souffle. Puis lisez le texte à voix haute en respectant le rythme.

Pour devenir réparateur de bicyclettes, il faut aimer deux choses : le vélo et le bricolage. Moi, j'aime les deux, donc je fais ce métier en prenant du plaisir. En plus, ça correspond à mes valeurs écolos. Je déteste jeter, je pense qu'il faudrait réduire la quantité de déchets dans le monde. Réparer, c'est le meilleur moyen de lutter contre la surconsommation. Les verbes en R, pour moi, ça a du sens : trier, réparer, recycler ! Et puis respirer, car le vélo, ce n'est pas polluant !
Avant, j'étais ingénieur, mais j'ai voulu changer. Je me suis spécialisé en suivant une formation de technicien cycle et j'ai travaillé deux ans dans l'atelier d'un magasin de sports.

> En français, les phrases sont composées de plusieurs groupes de mots qui se prononcent en un seul souffle (d'un seul coup). À la fin d'un groupe de souffle, il y a toujours une syllabe plus allongée que les autres.

DELF

DELF

LE DELF

Le diplôme d'études en langue française (DELF) est un diplôme délivré par France Éducation international, établissement public du ministère de l'Éducation nationale français. Le diplôme est valable à vie ; il est reconnu dans plus de 170 pays.

LE NIVEAU B1

Le niveau B1 correspond à 350 à 400 heures d'apprentissage. Le/La candidat/e de niveau B1 est considéré/e comme un/e utilisateur/trice indépendant/e. Il/Elle est capable de :
- comprendre les idées essentielles d'un échange dans un langage clair et standard et quand il est question de sujets familiers en lien avec le travail, les médias, etc.
- se débrouiller dans des situations imprévues du quotidien et lors des voyages ;
- poursuivre une discussion, donner son opinion et la justifier avec des arguments, exprimer ses sentiments, convaincre ;
- comprendre les points essentiels de l'actualité (articles, émissions radio, etc.) ;
- raconter un évènement, une expérience ou un rêve, décrire un espoir ou un but et exposer des raisons, des explications pour un projet ou une idée.

Conseils généraux
- Avant l'examen, prenez connaissance du format des épreuves : Combien de temps dure chaque épreuve ? Combien d'audios pour la CO et combien d'écoutes ? Combien de textes pour la CE ? Quelle partie est préparée pour la PO ?
- Pour chaque exercice, prenez le temps de bien lire les consignes. Pour la PE, soulignez les mots importants de la consigne. Par exemple : Quels éléments devez-vous décrire ? Que devez-vous faire : donner un avis, exprimer des sentiments... ?
- Pour les PE, on vous demande 160 mots minimum. Respectez cette limite et gardez du temps pour vous relire.

LES ÉPREUVES

Nature des épreuves	Durée	Note sur
Compréhension orale (CO) Réponse à des questionnaires de compréhension portant sur trois documents enregistrés relatifs à des situations de la vie quotidienne ou au travail (émissions de radio, annonces publiques, conversations...). Deux écoutes. Durée maximale des documents : 6 min.	25 min environ	25
Compréhension écrite (CE) Réponse à des questionnaires de compréhension portant sur deux ou trois documents écrits : • dégager des informations utiles par rapport à une tâche donnée ; • analyser le contenu d'un document d'intérêt général.	45 min	25
Production écrite (PE) Expression écrite d'un point de vue personnel sur un thème général (essai, courrier, article...).	45 min	25
Production orale (PO) Épreuve en trois parties : • l'entretien dirigé ; • l'exercice en interaction ; • l'expression d'un point de vue à partir d'un document déclencheur.	15 min (Préparation : 10 min pour la 3ᵉ partie de l'épreuve)	25
Seuil de réussite pour obtenir le diplôme : 50/100 Note minimale requise par épreuve : 5/25	Durée totale des épreuves collectives : 1 heure 55 minutes	Note totale : 100

Compréhension orale DELF

🔊 73 Exercice 1 — POINTS 7

Lisez les questions. Écoutez le document, puis cochez ⊗ la bonne réponse.

Vous écoutez une conversation.

1. **Que disent Aline et Sophie à propos de leurs enfants ?** — 1
   - ○ Ils ont beaucoup de temps libre.
   - ○ Leurs journées sont très occupées.
   - ○ Les programmes scolaires sont difficiles.

2. **Aline dit que les enfants ont...** — 1
   - ○ des journées aussi chargées que les adultes.
   - ○ des journées moins chargées que les adultes.
   - ○ ont des journées plus chargées que les adultes.

3. **Sophie pense que les enseignants exagèrent car le soir, ses enfants ont trop...** — 1
   - ○ d'activités artistiques.
   - ○ de cours de soutien.
   - ○ de devoirs écrits.

4. **Cette année, Sophie a décidé de...** — 1,5
   - ○ laisser ses enfants sans activité.
   - ○ laisser une journée libre aux enfants.
   - ○ limiter le nombre d'activités.

5. **Pour Sophie, les adultes devraient...** — 1,5
   - ○ être moins actifs.
   - ○ s'organiser mieux.
   - ○ travailler moins.

6. **Comment réagit Aline à la résolution de Sophie ?** — 1
   - ○ Elle la critique.
   - ○ Elle la félicite.
   - ○ Elle ne dit rien.

🔊 74 Exercice 2 — POINTS 9

Lisez les questions. Écoutez le document, puis cochez ⊗ la bonne réponse.

Vous entendez cette interview à la radio.

1. **Quelle tendance observe-t-on depuis peu dans les entreprises technologiques ?** — 1
   - ○ Une envie de favoriser le télétravail.
   - ○ Un retour au travail en présentiel.
   - ○ Un doute sur la meilleure option à choisir.

2. **L'entreprise SafeCy a décidé de laisser à ses employés...** — 1
   - ○ une semaine de télétravail par mois.
   - ○ trois jours de télétravail par semaine.
   - ○ un jour de télétravail par semaine.

3. **Selon Claire, à cause du télétravail, ses employés...** — 1,5
   - ○ ont le sentiment d'être seuls.
   - ○ se sentent plus épanouis.
   - ○ sont très concentrés sur leur travail.

4. **Les chefs d'entreprise ont peur...** — 1,5
   - ○ de l'augmentation des burn-out.
   - ○ du coût des outils numériques.
   - ○ de la baisse de productivité de leurs employés.

5. **Quelle expression décrit l'effet de confort du travail à la maison ?** — 1
   - ○ L'effet « cocooning ».
   - ○ L'effet « sédentarité ».
   - ○ L'effet « déconnexion ».

6. **Les salariés considèrent que le télétravail...** — 1,5
   - ○ est un avantage qui améliore leurs conditions de travail.
   - ○ est un désavantage à cause de la flexibilité des horaires.
   - ○ participe au développement du stress.

7. **Que propose l'entreprise de Claire pour attirer les employés au bureau ?** — 1,5
   - ○ Des sorties culturelles et des voyages.
   - ○ Des services d'aide aux employés et des activités sportives.
   - ○ Une augmentation du salaire des salariés en présentiel.

DELF Compréhension orale

🔊 75 Exercice 3 — POINTS 9

Lisez les questions. Écoutez le document, puis cochez ⊗ la bonne réponse.

Vous entendez cette émission à la radio.

1. **Quel est l'objectif principal de l'association les Enfants de la terre ?** — 1,5
   - ○ Mobiliser les enfants contre la faim dans le monde.
   - ○ Donner envie aux plus jeunes de lutter contre le tourisme de masse.
   - ○ Sensibiliser les enfants à la protection de l'environnement et à l'artisanat local.

2. **Quelle est la passion commune des fondateurs de l'association ?** — 1
   - ○ L'histoire des langues et civilisations.
   - ○ Les voyages et la découverte des cultures étrangères.
   - ○ L'environnement et le tourisme de masse.

3. **En Thaïlande, Maxime est énervé par les touristes...** — 1,5
   - ○ qui ne font pas d'efforts pour parler la langue du pays.
   - ○ qui ne portent pas de vêtements adaptés.
   - ○ qui sont bruyants et jettent leurs déchets partout.

4. **À cause du tourisme de masse...** — 1,5
   - ○ la biodiversité et les milieux naturels sont en danger.
   - ○ les moyens de transport se développent.
   - ○ les hôtels de luxe se développent.

5. **Pour préparer un séjour éco-responsable, la première règle est de...** — 1
   - ○ trouver des chambres chez les habitants locaux.
   - ○ réserver des places au camping.
   - ○ réserver une chambre d'hôtel.

6. **Les deux autres règles importantes concernent...** — 1,5
   - ○ les transports, les achats et les coutumes locales.
   - ○ la nourriture, le travail et la langue utilisée.
   - ○ la nourriture, les achats et les transports.

7. **Selon Maxime, à quoi sert son association ?** — 1
   - ○ À développer les agences de voyages pour enfants.
   - ○ À former les jeunes générations au tourisme éco-responsable.
   - ○ À défendre la cause animale.

Compréhension écrite DELF

Exercice 1 — POINTS 8

Vous voulez offrir à votre mère, pour son anniversaire, une inscription d'un an à une activité sportive, artistique ou culturelle. Vous hésitez entre plusieurs activités : peinture, gymnastique, chant et cours d'italien. Pour faire votre choix, vous devez vérifier que les activités proposées correspondent à certaines conditions :

- Séances le jeudi ou le vendredi après-midi ;
- Cours en petits groupes : 12 personnes maximum ;
- Cours à Marseille ;
- Budget maximum : 80 € par an.

Vous comparez ces annonces. Pour chaque annonce, cochez ⊗ OUI si cela correspond au critère ou NON si cela ne correspond pas.

Peinture

Exprimez votre créativité et explorez le monde de la peinture avec nos cours de peinture à Toulon ! Partagez votre passion pour l'art avec d'autres amateurs de peinture dans une atmosphère stimulante et collaborative. Nos cours en groupe de 30 personnes maximum favorisent l'échange d'idées et l'inspiration mutuelle. Nos professeurs sont des artistes confirmés, prêts à partager leurs compétences et à guider chaque participant vers l'expression artistique personnelle.
Les horaires : le jeudi, le vendredi ou le samedi de 14 h à 18 h.
Tarif avantageux : 105 € par an !

Peinture

		Oui	Non
❶	Séances le jeudi ou le vendredi après-midi	☐	☐
❷	Cours en petits groupes : 12 personnes maximum	☐	☐
❸	Cours à Marseille	☐	☐
❹	Budget maximum : 80 euros par an	☐	☐

Gymnastique

Vous recherchez une activité sportive dynamique ? Rejoignez nos cours de gymnastique, conçus pour tous les niveaux et dispensés par des coachs sportifs qualifiés ! Les cours ont lieu le jeudi ou le vendredi après-midi.
Profitez d'un enseignement personnalisé et d'une ambiance conviviale grâce à nos cours en petits groupes (entre 5 et 10 personnes). Seulement 75 € par an ! Avec ce tarif abordable, vous aurez accès à des séances régulières tout au long de l'année, sans vous soucier de votre budget. Nos cours se déroulent dans des installations modernes situées dans le centre de Marseille.

Gymnastique

		Oui	Non
❶	Séances le jeudi ou le vendredi après-midi	☐	☐
❷	Cours en petits groupes : 12 personnes maximum	☐	☐
❸	Cours à Marseille	☐	☐
❹	Budget maximum : 80 euros par an	☐	☐

Chant

Vous rêvez de libérer votre voix et de développer votre talent musical ? Rejoignez nos cours de chant en groupe, une expérience musicale enrichissante pour tous les niveaux ! Partagez votre passion avec d'autres amateurs de musique dans une ambiance conviviale et stimulante. Les cours ont lieu en soirée la semaine et le samedi matin, pour s'adapter à votre emploi du temps. Profitez de tarifs compétitifs pour des cours de qualité ! Nos cours de chant en groupe de 12 personnes maximum sont accessibles à tous les budgets, à partir de 100 € par an ! Nos locaux sont situés au cœur de Marseille. Ils sont facilement accessibles en transport en commun et il y a un parking gratuit à proximité.

Chant

		Oui	Non
❶	Séances le jeudi ou le vendredi après-midi	☐	☐
❷	Cours en petits groupes : 12 personnes maximum	☐	☐
❸	Cours à Marseille	☐	☐
❹	Budget maximum : 80 euros par an	☐	☐

Cours d'italien

Partez à la découverte de la langue et de la culture italienne ou approfondissez vos connaissances dans une atmosphère conviviale. Notre association propose des cours collectifs qui accueillent une vingtaine de participants par groupe. Ils sont adaptés tant aux débutants qu'aux niveaux avancés, quel que soit votre âge. Les sessions ont lieu de 16 h 30 à 18 h, le mercredi ou le vendredi, à la Maison des associations de Martigues, à 10 minutes de Marseille. Pour enrichir cet apprentissage, des échanges entre Français et Italiens, des animations et des ateliers cuisine sont organisés une fois par mois. L'inscription annuelle est de 50 € seulement. Inscrivez-vous vite sur notre site.

Cours d'italien

		Oui	Non
❶	Séances le jeudi ou le vendredi après-midi	☐	☐
❷	Cours en petits groupes : 12 personnes maximum	☐	☐
❸	Cours à Marseille	☐	☐
❹	Budget maximum : 80 euros par an	☐	☐

Exercice 2

POINTS 8

Vous lisez cet article sur Internet.

Le temps d'écran des adolescents

Les adolescents d'aujourd'hui sont constamment connectés. Ils passent de plus en plus d'heures devant des écrans de smartphone, d'ordinateur et de télévision. Alors que la technologie offre de nombreux avantages, un excès de temps d'écran peut avoir des conséquences négatives sur la santé et le bien-être des jeunes.

Passer de longues heures devant des écrans participe à développer un mode de vie sédentaire. Cela signifie que les adolescents ne se déplacent plus et ne sortent plus de chez eux. Quand ils sont devant un écran, ils sont assis ou couchés et donc, ne dépensent plus d'énergie. Ainsi, ce mode de vie peut être à l'origine de problèmes de santé comme l'obésité. De plus, plusieurs études ont prouvé que les personnes hyperconnectées avaient plus de risques d'avoir des fatigues visuelles et un sommeil perturbé à cause de la lumière bleue des écrans.

Mais rappelons également qu'une utilisation excessive des médias sociaux a souvent un impact négatif sur le développement psychologique des adolescents. Par exemple, sur les réseaux sociaux, les ados se comparent fréquemment aux autres, même si les photos et les vidéos publiées ne représentent pas la vie réelle. Cela peut provoquer une forme de mal-être, un sentiment d'anxiété et mener à une dépression. Les adolescents sont souvent fragilisés par ces contenus illusoires.

« *Il est important que les parents et les éducateurs limitent le temps passé devant les écrans, qu'ils fixent des règles claires ensemble* », explique la psychologue Anaïs Gastier. « *Beaucoup de parents me consultent parce qu'ils sont inquiets pour leurs ados. Je leur répète toujours la même chose. Il faut encourager vos jeunes à pratiquer des activités physiques, à passer du temps en plein air avec des amis ou même à s'engager dans des activités sociales. Ensuite, sensibilisez-les aux dangers d'Internet, aidez vos adolescents à garder un regard critique sur leurs usages des technologies et les contenus publiés. Enfin, mettez en place des horaires à respecter : il faut interdire les écrans pendant les temps d'études et avant de s'endormir.* »

En conclusion, le temps d'écran des adolescents est un sujet qui inquiète beaucoup les professionnels de la santé et les parents car il peut avoir des conséquences dangereuses sur le développement de l'adolescent. En donnant des conseils de gestion appropriés et en encourageant une utilisation responsable de la technologie, nous pouvons aider les jeunes à équilibrer leur vie numérique.

Pour répondre aux questions, cochez ⊗ la bonne réponse.

1. **Cet article traite...** 1
   - ○ des avantages des nouvelles technologies.
   - ○ de l'utilisation excessive des médias.
   - ○ de l'impact des écrans sur la santé.

2. **Un mode de vie sédentaire c'est quand...** 1,5
   - ○ on ne pratique pas ou très peu d'activités physiques.
   - ○ on n'utilise pas ou plus du tout d'objets numériques.
   - ○ on sort de chez soi tous les jours.

3. **Une longue exposition à la lumière bleue des écrans n'a aucune conséquence négative sur le sommeil.** 1
   - ○ Vrai / ○ Faux

4. **En restant trop longtemps sur les médias sociaux, les ados risquent de développer une faible estime d'eux-mêmes.** 1,5
   - ○ Vrai / ○ Faux

5. **La psychologue Anaïs Gastier conseille aux adultes...** 1
   - ○ d'encourager une utilisation illimitée des écrans.
   - ○ de mettre en place des limites claires.
   - ○ d'interdire toute utilisation des écrans.

6. **Les adultes doivent inciter les adolescents à faire des activités sociales à l'extérieur.** 1
   - ○ Vrai / ○ Faux

7. **Pour aider les jeunes, il faut donc...** 1
   - ○ équilibrer leur temps de vie numérique.
   - ○ gérer les contenus auxquels ils accèdent.
   - ○ contrôler les profils avec lesquels ils discutent.

DELF Compréhension écrite

Exercice 3

POINTS **9**

Vous lisez cet article dans un magazine.

Fin des stéréotypes : ces hommes qui ont des métiers « féminins »

Aujourd'hui, les femmes sont de plus en plus présentes dans les métiers traditionnellement « masculins ». Elles font des études et des formations pour devenir pompiers, ingénieures, chirurgiennes. Mais, on constate que c'est également au tour des hommes de lutter contre les stéréotypes de genre en choisissant des métiers dits « féminins ». Ils sont nounous, assistants, infirmiers… Contrairement aux femmes, ces hommes, en petit nombre dans les métiers féminins, ont beaucoup d'avantages.

« *Je n'arrive pas à comprendre pourquoi il y a encore très peu d'hommes dans mon métier. Le plus important, c'est quand même de prendre soin des patients. Alors qu'on soit un homme ou une femme, peu importe. Il n'y a pas de genre dans les métiers de la santé.* », confie Emmanuel Couzon, infirmier aux urgences de l'hôpital Saint-Joseph à Paris. Comme Emmanuel, beaucoup d'hommes sont victimes du jugement de la société. Pourtant, ils ne font pas ces métiers au hasard, ce sont souvent des choix réfléchis.

Marie Buscatto, sociologue du genre, explique en 2003 : « *Nous avons deux catégories de métier : ceux qui sont masculins et ceux qui sont féminins. Seulement une petite partie des professions sont mixtes en France alors qu'il y a presque autant d'hommes que de femmes qui travaillent.* »

Cependant, une fois dans le monde du travail, ces hommes progressent plus facilement que leurs collègues femmes dans leur carrière. Comme le souligne la sociologue Marie Buscatto : « *On les appelle les « chouchous ». Ce sont ces hommes à qui on confie plus facilement des tâches importantes, à qui on demande souvent leur avis et qui bénéficient des meilleures opportunités de carrière et donc évidemment de meilleurs salaires* ». Bien que les femmes soient aussi qualifiées que les hommes, elles n'ont malheureusement pas les mêmes opportunités de carrière que les hommes. « *Dans ces métiers « féminins » les hommes obtiennent souvent des postes à responsabilités. Par exemple, nous avons déjà vu des infirmiers devenir psychologues.* »

Pour arriver à une réelle égalité hommes-femmes, il est nécessaire de donner les mêmes chances aux hommes et aux femmes et d'encourager la mixité des professions. Il est donc temps de mettre fin aux stéréotypes de genre et de dialoguer pour favoriser une société plus inclusive. Chacun devrait choisir sa carrière en fonction de ses intérêts et de ses compétences, et non selon les attentes sociales liées à son genre.

Pour répondre aux questions, cochez ⊠ la bonne réponse.

1. D'après l'article, les hommes sont majoritaires dans les métiers « féminins » ? — **1**
   ○ Vrai / ○ Faux

2. Dans son intervention, Emmanuel Couzon dénonce… — **1,5**
   ○ l'incompétence de ses collègues.
   ○ les problèmes financiers de sa profession.
   ○ le fait que les hommes sont minoritaires dans son métier.

Compréhension écrite **DELF**

3. **D'après la sociologue Marie Buscatto, bien que les femmes travaillent, les métiers mixtes n'existent pas en France.** — 1
   - ○ Vrai / ○ Faux

4. **Qui sont les « chouchous » ?** — 1,5
   - ○ Des hommes à qui on donne plus de responsabilités que les femmes.
   - ○ Des hommes qui ont de moins bonnes conditions de travail que les femmes.
   - ○ Des hommes à qui on propose de changer de profession.

5. **Les femmes ont plus de difficultés que les hommes à évoluer dans leur carrière parce qu'elles n'ont pas les mêmes opportunités.** — 1
   - ○ Vrai
   - ○ Faux

6. **Les hommes qui font des métiers « féminins »...** — 1,5
   - ○ ont rarement des postes à responsabilités.
   - ○ laissent aux femmes les postes à responsabilités.
   - ○ accèdent fréquemment à des postes à responsabilités.

7. **Quelle est la conclusion de cet article ?** — 1,5
   - ○ Il est nécessaire d'accepter les stéréotypes de genre.
   - ○ Il faut promouvoir la mixité des métiers et débattre sur les questions d'égalité.
   - ○ Il faut encourager les femmes à fournir des efforts pour avoir de meilleures carrières.

DELF Production écrite

Exercice 1

POINTS 25

Vous lisez cette annonce sur une page Internet.

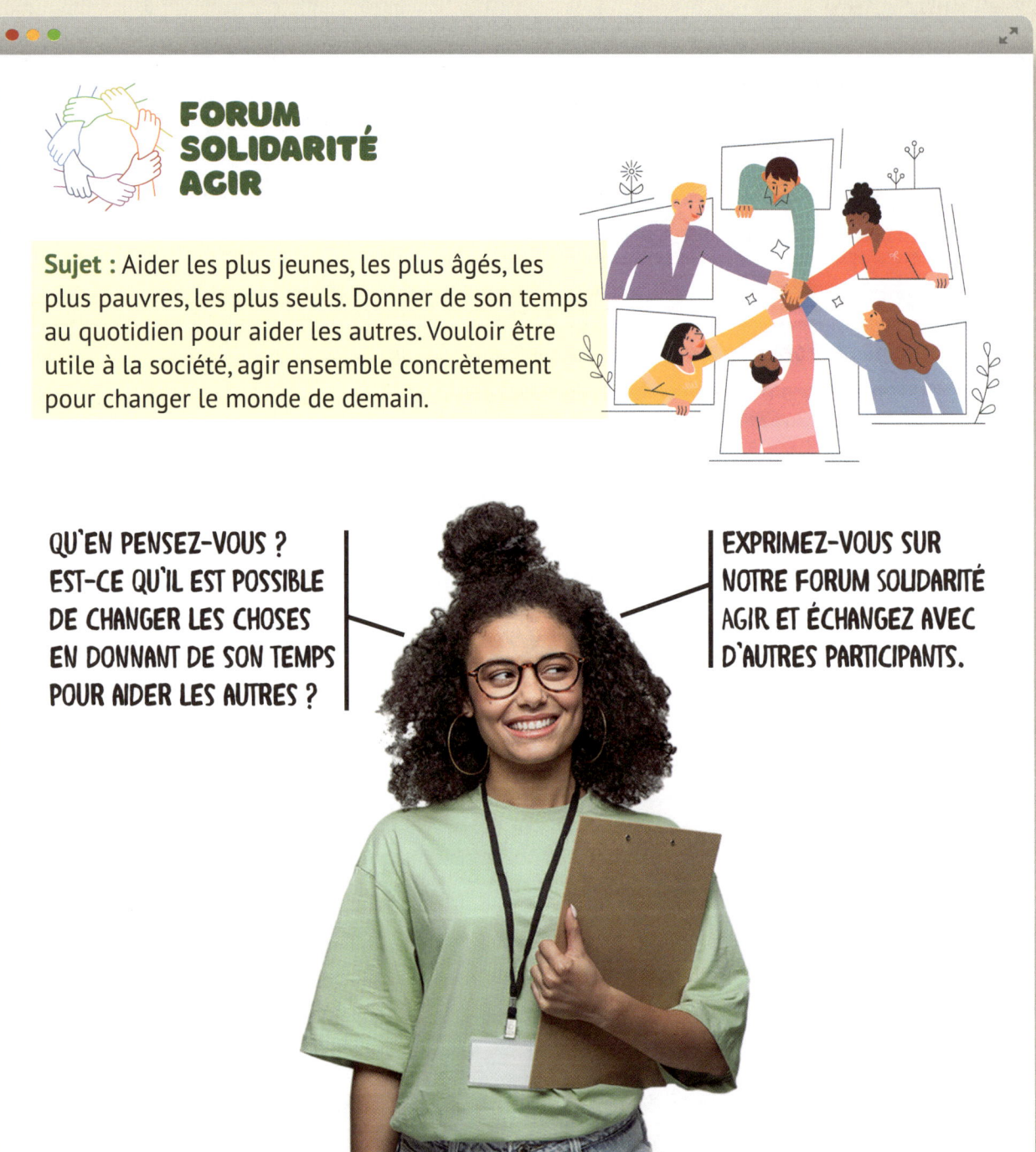

Vous décidez de vous exprimer sur le forum de Solidarité AGIR.

Vous répondez à la question posée et vous donnez des exemples de ce que l'on peut faire pour aider les autres. (160 mots minimum)

Production écrite DELF

DELF Production orale

L'épreuve de **production orale** dure de 10 à 15 minutes. Elle comporte trois parties.

Les parties 1 et 2 ne sont pas préparées. Vous préparez la partie 3 pendant 10 minutes, dans une salle avec un/e surveillant/e. Pour la partie 2, puis pour la partie 3, le/la surveillant/e vous donne deux sujets, au choix : vous lisez tous les sujets et vous en choisissez un pour chaque partie.

Prenez quelques notes et utilisez-les pendant l'épreuve pour vous aider.
- **Partie 1 : L'entretien dirigé sans préparation (2-3 minutes)**
  Vous parlez de vous, de vos activités, de vos centres d'intérêt. Vous parlez de votre passé, de votre présent et de vos projets. L'épreuve se déroule sur le mode d'un entretien avec l'examinateur/trice qui commence le dialogue par une question (exemple : « Bonjour ! Pouvez-vous vous présenter, me parler de vous, de votre famille ? »).
- **Partie 2 : L'exercice en interaction sans préparation (3-4 minutes)**
  Vous jouez un rôle comme dans une pièce de théâtre. Vous échangez avec l'examinateur/trice. Vous devez résoudre une situation inhabituelle de la vie quotidienne, sans préparation. Vous donnez votre opinion, vous faites des propositions et vous trouvez une solution. N'oubliez pas de saluer (au début puis à la fin) et de remercier l'examinateur/trice. Attention ! Vous devez être actif/ive et mener la conversation !
- **Partie 3 : L'exercice en interaction (5-7 minutes)**
  Vous identifiez le thème du document et les idées principales. Puis vous présentez votre opinion sous la forme d'un exposé de 3 minutes. Votre exposé doit être structuré en deux parties : une introduction (présentez le thème et annoncez le plan) et un développement (donnez votre opinion avec des exemples). Ensuite, l'examinateur/trice vous pose quelques questions.

SUJETS DE L'ÉPREUVE

1. L'entretien dirigé (2-3 minutes)
Où avez-vous passé vos dernières vacances ? Qu'est-ce que vous faites le week-end en général ? Qu'est-ce vous avez prévu pour les prochaines vacances ? Parlez-moi de vos loisirs préférés.

2. L'exercice en interaction (3-4 minutes)
Sujets au choix :

A. Le covoiturage
Vous vivez en France depuis un an et vous découvrez que votre nouveau/elle voisin/e est en fait un/e collègue de travail. Vous lui proposez de faire du covoiturage pour aller au travail en alternant les voitures : un jour vous prenez la vôtre, le lendemain il/elle prend la sienne, et ainsi de suite. C'est plus pratique et meilleur pour l'environnement. Il/Elle refuse et estime que c'est trop complexe. Vous essayez de le/la convaincre.
L'examinateur/trice joue le rôle du/de la voisin/e.

B. L'anniversaire
Vous habitez en France et vous êtes invité/e à l'anniversaire de votre meilleur/e ami/e. Mais vous oubliez la date et vous n'allez pas à la fête d'anniversaire. Votre meilleur/e ami/e n'est pas content/e et il/elle vous fait des reproches. Vous regrettez beaucoup et essayez de vous faire pardonner. Vous décidez d'en discuter avec lui/elle. L'examinateur/trice joue le rôle du/de la meilleur/e ami/e.

Production orale DELF

3. L'exercice en interaction (5-7 minutes)
Sujets au choix :

A. Qui sont les greeters ?
Les greeters, ces habitants qui proposent bénévolement de faire découvrir leur ville à de petits groupes, sont de plus en plus demandés : la France est le pays qui en compte le plus. Cela inquiète fortement les guides professionnels.
« *Ce que j'apprécie, c'est qu'on va au rythme des gens. On est centré sur la rencontre. Très vite, on devient l'ambassadeur de sa ville et de son quartier* », explique Valérie, une amoureuse du « slow tourisme », ce tourisme alternatif, lent et respectueux de l'environnement.
L'idée des greeters (« hôtes » en anglais) est apparue en 1992, à New York. La pionnière, Lynn Brooks, a voulu, bénévolement, guider les touristes dans la ville de son enfance. Résultat : après un démarrage en douceur en 2005, la France est aujourd'hui le pays qui compte le plus de greeters dans le monde. Cela cause des conflits avec les guides touristiques qui s'inquiètent pour l'avenir de leur métier. Cependant, les meilleurs représentants d'une ville ne sont-ils pas ses habitants ?

B. Les adolescents et les réseaux sociaux : une cour de récréation ?
Actuellement, trois quarts des jeunes âgés de 13 à 17 ans possèdent un profil sur un réseau social. Ces plateformes leur permettent de s'informer en ligne grâce à différents médias et offrent également une multitude d'activités, transformant ainsi Internet en une grande cour de récréation. Cependant, ce nouvel espace numérique présente des risques. Les adolescents ne mesurent pas toujours les conséquences des contenus qu'ils publient et qu'ils lisent.
Tout d'abord, n'importe qui peut créer un compte sur un réseau social et écrire puis diffuser de fausses informations. Ainsi, si les adolescents ne consultent pas plusieurs médias et s'ils ne vérifient pas les sources des informations, ils peuvent très vite partager des *fake news* sans réfléchir. Les adolescents sont très influençables.
Ensuite, parfois les ados acceptent toutes les « demandes d'ami » sur les réseaux sociaux. Ils ne gèrent pas toujours attentivement leurs contacts et donc les personnes ayant accès à leurs informations et leurs publications.
Que pensez-vous du comportement des adolescents sur les réseaux sociaux ? Quels sont les dangers selon vous ? Quels conseils donneriez-vous ?

Notes

Transcriptions des enregistrements

Transcriptions des enregistrements

U1 – ON SE CONNAÎT ?

PISTE 1

Je m'appelle Adam, j'ai 18 ans et je viens de m'installer dans une nouvelle ville pour faire mes études. Au début, je n'avais pas beaucoup d'amis. Je ne connaissais personne et je ne savais pas comment faire pour rencontrer des gens. J'ai essayé de parler à des étudiants à la sortie de l'université, mais ce n'était pas facile. Ils avaient l'air occupé et ils ne voulaient pas vraiment me parler. J'ai aussi utilisé l'application Meetup, mais je n'ai pas trouvé beaucoup d'activités qui me plaisaient.
Un jour, j'ai fait connaissance avec mes voisins. Ils étaient très sympas et ils m'ont invité à sortir avec eux. J'ai accepté et j'ai passé un super moment.
J'ai ensuite rencontré d'autres personnes qui avaient les mêmes centres d'intérêt que moi. Nous sommes devenus amis et nous passons beaucoup de temps ensemble. Je suis content d'avoir trouvé des amis dans ma nouvelle ville. Je me sens moins seul et je suis plus heureux.

PISTE 2

Alice : Je m'appelle Alice et je suis passionnée par l'histoire. J'aime comprendre les évènements passés et découvrir des civilisations. Quand j'étais petite, mon passe-temps préféré c'était de lire tous les livres sur les grandes découvertes. Aujourd'hui, je passe tout mon temps libre à regarder des documentaires sur l'histoire et à visiter des musées. On peut y voir de belles peintures d'époque, des sculptures et des mosaïques très anciennes, j'adore ! Actuellement, je suis professeure d'histoire. Je partage ma passion avec mes élèves et je les encourage à découvrir le passé.

Paul : Moi, c'est Paul et je me suis mis au jardinage il y a deux ans. J'étais à la recherche d'une activité pour me détendre, déconnecter du quotidien et profiter de la nature. Le jardinage est rapidement devenu ma passion. Au début, j'ai commencé par planter quelques fleurs. Puis je me suis intéressé aux plantes aromatiques et aux arbres fruitiers. Aujourd'hui, j'ai un vrai potager : je cultive mes propres légumes et même mes herbes fraîches ! Grâce à mon potager, je suis devenu plus écolo, ça me fait super plaisir.

Pierre : Je m'appelle Pierre et je suis fan de jeux vidéo. J'adore l'univers des jeux vidéo, les histoires qu'ils racontent et les nouveaux défis qu'ils proposent. J'ai commencé à jouer aux jeux vidéo sur la console de mes parents. J'y passais tout mon temps ! Après, je suis devenu adulte et j'ai acheté un ordinateur. Aujourd'hui, je passe beaucoup de temps à jouer en ligne avec mes amis. Les jeux vidéo ont changé ma vie, je suis devenu plus sociable et j'ai fait plein de nouvelles rencontres.

PISTE 3

Présentateur : Bonjour à tous et à toutes ! Bienvenue dans notre émission « Demain, je vais être plus heureux ». Aujourd'hui, nous recevons Nicolas. Bonjour Nicolas.
Nicolas : Bonjour et merci de me recevoir.
Présentateur : Alors Nicolas, qu'est-ce qui vous rend heureux ?
Nicolas : Eh bien, je pense que c'est d'être entouré des gens que j'aime. Ma famille, mes amis, ma femme. J'aime passer du temps avec eux, partager des moments simples et rire ensemble. Le plus important dans la vie, ce sont les petits plaisirs du quotidien.
Présentateur : C'est très touchant... et qu'est-ce qui vous fait du bien ?
Nicolas : Qu'est-ce qui me fait du bien ? Ah, c'est facile, aider les gens ! Par exemple, au travail, quand un ou une collègue a des difficultés, je lui donne des conseils pour atteindre ses objectifs. Je me sens bien quand je suis utile.
Présentateur : Il y a des endroits que vous aimez particulièrement ?
Nicolas : Les montagnes, les lacs et les forêts sont des lieux où je peux respirer. Je suis plus détendu quand je suis dans un endroit calme, loin du bruit et de la pollution. Mais là où je me sens le mieux, c'est dans l'eau. L'eau me donne un sentiment de liberté et de bien-être incroyable.
Présentateur : Et, quand vous ne vous sentez pas bien, qu'est-ce que vous faites ?
Nicolas : Quand je suis stressé et que j'ai besoin de me changer les idées, j'aime faire quelque chose de nouveau. Par exemple, je peux aller voir le dernier spectacle d'un humoriste ou manger dans un nouveau restaurant. Je joue aussi avec mes deux chiens, ça me repose.
Présentateur : Merci beaucoup, Nicolas, d'avoir répondu à nos questions. Chers auditeurs et chères auditrices, n'hésitez pas à nous appeler pour partager vos témoignages avec nous. À bientôt.

PISTE 4

a. Zoé est partie à Amsterdam avec des amis.
b. Marie a annoncé son mariage à Antoine.
c. J'ai ouvert la fenêtre parce qu'il fait très chaud ici.
d. Elle a acheté des croissants pour le petit déjeuner.
e. Ils vont réussir leur examen de français.
f. Gaëlle part avec Joël à la plage.
g. Raphaël t'a invité à son anniversaire ?
h. Elle a écouté de la musique tout l'après-midi.
i. Si elle veut, elle peut aller au cinéma avec nous.
j. Samedi, nous voulons regarder des vidéos.

PISTE 5

a. Ils habitaient près d'ici.
b. Nous écoutions de la musique.
c. Tu aimes marcher sur la plage.
d. Vous travaillez dans cet immeuble.
e. Il regardait un film d'action.
f. Elles mangeaient des asperges.
g. Je cherche un petit appartement.
h. Il étudiait le japonais.

U2 – AVANT DE PARTIR

PISTE 6

a.
J'ai réservé un covoiturage. Je suis arrivée : personne ! J'ai attendu un peu, mais rien. J'ai appelé la dame, mais elle m'a dit qu'elle était déjà sur l'autoroute. Elle s'était trompée d'heure et elle ne m'avait pas attendue.
b.
Pour notre premier voyage avec mon mari, nous avons eu de la chance. Nous étions en retard, mais l'avion aussi ! Nous sommes arrivés juste au moment où la porte allait fermer et nous avons pu partir.
c.
Quand on est allés à Biarritz, avec la classe, on était super contents. C'était la première fois qu'on voyait l'océan. Les vagues sont énormes !
d.
Je suis arrivé à l'hôtel très tard, je croyais que j'avais déjà tout payé et que je devais seulement prendre la clé. Mais j'avais mal lu ma réservation. J'ai dû payer sur place.

Transcriptions des enregistrements

PISTE 7
a. J'apprécie le soleil et la qualité de vie.
b. Le pays nous plaît. Nous apprécions surtout la sympathie des gens.
c. Avant, je n'appréciais pas beaucoup la cuisine locale, mais j'ai appris à l'aimer.
d. Je suis certain que vous apprécierez beaucoup votre séjour.
e. Est-ce que vous appréciez la beauté des paysages ?
f. Tu n'aimes plus le piano ? Avant, tu appréciais beaucoup Chopin.
g. J'apprécierais beaucoup que tu n'arrives pas au dernier moment.

PISTE 8
Audrey : Tu as fait une année Erasmus, toi ?
Franck : Oui, en Italie, en Toscane. Et toi ?
Audrey : En Grèce. En quelle année ?
Franck : En 2000.
Audrey : Ah, moi, l'année d'après.
Franck : C'était il y a plus de 20 ans, c'est fou !
Audrey : À l'époque, il n'y avait pas encore l'euro…
Franck : Je me souviens que c'était hyper compliqué de trouver un logement.
Audrey : Ah bon ? Moi, la fac avait réservé une chambre sur le campus universitaire.
Franck : Moi, non. Ça me stressait pas mal. Deux mois avant, j'avais téléphoné à plein de gens qui louaient des chambres, mais ils ne répondaient pas.
Audrey : Mais, quand tu es arrivé sur place, tu avais un logement ?
Franck : Oui, parce qu'un mois avant mon départ, on était partis en Toscane en voiture avec mon frère et ma copine. On avait passé deux jours à visiter des appartements.
Audrey : Ah oui ? Vous étiez à l'hôtel ?
Franck : Non, on faisait du camping ! Ma mère nous avait donné une tente trois places, c'était un voyage pas très bien organisé… Mais bon, j'ai trouvé une chambre. J'étais hyper content et plus tranquille.
Audrey : Moi, j'étais la seule à m'être inscrite pour l'échange, dans mon université. Je me souviens que ma prof était partie en Grèce avant moi pour vérifier les conditions de vie. C'était la première fois qu'ils accueillaient des étudiants étrangers, alors elle s'était informée sur les papiers, le logement, etc. Et, à son retour, elle m'avait tout expliqué.
Franck : Tu étais déjà allée en Grèce, avant ?
Audrey : Oui, oui, j'aime beaucoup la Grèce. Mais j'y étais allée en touriste. Et toi, pourquoi l'Italie ?
Franck : Je voulais être prof d'italien, alors c'était logique. D'ailleurs, dans mes bagages, il y avait un énorme dictionnaire qui pesait super lourd. Tu es partie en avion ?
Audrey : Oui. Avec ma mère. Je crois qu'elle voulait voir l'endroit où j'allais vivre pendant 9 mois, pour être plus tranquille.
Franck : Moi, les parents de ma copine m'ont emmené en voiture avec tous mes bagages. Ils voulaient voir la Toscane.
Audrey : Par contre, moi, à l'aéroport, quand ma valise est arrivée, elle était cassée, et mes vêtements sortaient de tous les côtés sur le tapis roulant.
Franck : Pas de chance.
Audrey : Ça a mal commencé. Au début, je n'avais pas d'amis mais, petit à petit, j'ai rencontré des gens super. On a passé des moments inoubliables.
Franck : Oui, moi aussi.

PISTE 9
a. « Chez maman » est un excellent restaurant.
b. Ce magasin ferme le vendredi et le samedi à dix heures du soir.
c. Mes deux amies veulent voyager au Mexique pour les vacances.
d. Huit mille euros pour cette croisière, c'est vraiment excessif !
e. Combien de tomates ? J'en veux six, s'il vous plaît.
f. Je suis un peu nerveux, demain, j'ai un examen difficile.
g. Le médecin m'a conseillé de faire plus d'exercice.
h. Dimitri est un expatrié russe.
i. Elle voudrait se teindre les cheveux en bleu.

PISTE 10
a. Cette taxe fixe excessive est fixée exprès à Aix par le fisc.
b. Le fisc fixe exprès chaque taxe fixe exclusive au luxe et à l'exquis.
c. J'examine cet axiome de Xavier sur les axes de l'expatriation.
d. Je suis exagérément exaspéré. Malgré vos explications, vous êtes vraiment sans excuse.
e. Xavier joue de son xylophone mexicain.

PISTE 11
● Bonjour Nicole, ça va ?
○ Très bien, et toi ?
● Comme ça !
○ Pourquoi ?
● J'ai mal !
○ Mais où ?
● Aux pieds.
○ Ma pauvre !

PISTE 12
Demain, dès le matin, nous irons à la plage pour voir le lever du soleil. J'adore le soleil quand il sort, tout rouge, de la mer. C'est un très beau spectacle.

U3 – FAUT QUE JE BOSSE !

PISTE 13
Paul : Je m'appelle Paul. Depuis que mon entreprise a fermé, j'ai du mal à trouver un emploi… Alors, je me suis inscrit à France Travail. Ça fait déjà deux mois que je ne travaille plus. Je déteste cette situation parce que je cherche du travail tous les jours mais je ne trouve rien. C'est frustrant…
Antoine : Moi, c'est Antoine. J'ai des difficultés à me faire comprendre par mes collègues. Je ne pensais pas que ce serait si difficile de travailler dans une agence internationale de mon entreprise. Je comprends bien la plupart du temps mais, pour m'exprimer en anglais, c'est autre chose.
Yasemine : Je suis Yasemine. C'est vraiment une période difficile. Notre entreprise a délocalisé une partie de ses bureaux et renvoyé deux collègues. Je suis maintenant seule au service export et je n'arrive pas à traiter toutes les commandes.
Elif : Je m'appelle Elif. J'ai beau avoir deux emplois, cela reste difficile en fin de mois. Nous n'avons toujours pas les moyens de nous acheter une voiture et cela devient problématique au quotidien.
Gaspard : Moi, c'est Gaspard Je suis incapable de trouver un équilibre entre ma vie professionnelle et ma vie personnelle. Je passe beaucoup trop de temps au bureau.

Transcriptions des enregistrements

Résultat : je suis célibataire depuis des années. J'aimerais bien rencontrer quelqu'un…

PISTE 14

Bonjour, voici la présentation d'Edgar Grospiron, un ancien sportif de haut niveau. Enfant, il était passionné par le ski. Il a donc fait du ski pendant toute sa jeunesse. Puis, il a fait des études dans le domaine du sport. Il a commencé sa carrière dans le ski de bosses, il a gagné des médailles d'or aux Jeux olympiques d'hiver d'Albertville en 1992 et aux Championnats du monde de ski acrobatique en 1995. Le problème, quand on est sportif de haut niveau, c'est qu'on ne peut pas faire ça toute sa vie. Alors, après sa carrière sportive, il a décidé de faire une reconversion. Cela lui a permis de s'épanouir dans le domaine de la communication et du leadership. Actuellement, il est conférencier et consultant en entreprise, il partage son expérience et ses compétences avec différents publics. Afin de garder un pied dans le monde du sport, il est aussi commentateur sportif pour différentes chaînes de télévision.
Ce parcours de reconversion a été l'opportunité pour lui de diversifier ses activités. Depuis 2007, il cherche à transmettre sa passion pour le sport, c'est pour ça qu'il est très investi dans des associations sportives pour la jeunesse.

PISTE 15

Journaliste : Bonjour, aujourd'hui, nous donnons la parole aux jeunes qui travaillent. Nous accueillons donc notre invité, Ali, 20 ans. Bonjour Ali ! Dites-nous Ali, quel était votre travail il y a deux ans ?
Ali : J'étais professeur d'anglais dans une école internationale dans la banlieue de Nice.
Journaliste : Quelles étaient vos difficultés au quotidien ?
Ali : J'étais très fatigué de ma vie quotidienne : vivre en ville avec le bruit, la pollution et le monde dans les transports. Même au travail, je ne me sentais plus heureux.
Journaliste : Alors, qu'avez-vous décidé ?
Ali : Un jour, j'ai décidé de prendre une année sabbatique donc d'arrêter de travailler pendant une année. Mes amis m'avaient prévenu que je ferai un burn-out mais je ne les ai pas écoutés. Un jour, c'est vraiment arrivé, c'est pour ça que j'ai tout arrêté !
Journaliste : Quel courage ! Qu'est-ce qui vous a décidé ?
Ali : J'ai fait ce choix pour plusieurs raisons importantes. Tout d'abord, c'était pour moi l'opportunité de voyager, d'explorer de nouveaux pays et de découvrir des cultures. Puis je souhaitais aussi prendre une nouvelle direction dans ma carrière.
Journaliste : Est-ce que vous avez changé de métier après cette année sabbatique ?
Ali : Oui, je suis parti un an en Espagne grâce à un programme d'échange dans les pays hispanophones. Cela a été l'occasion pour moi d'apprendre de nouvelles choses. Par exemple, j'ai pu développer mes connaissances et mes compétences linguistiques en espagnol. Quand je suis rentré en France, je parlais trois langues, alors j'ai commencé une formation pour devenir traducteur. Je rêve d'être traducteur à l'ONU.

PISTE 16

a. Elle doit balayer la cour avant de nettoyer le pavillon.
b. Nous payons le café et vous payez le dessert. Ça vous va ?
c. Si vous voulez, vous pouvez envoyer la facture par la poste.
d. Essuyez bien vos pieds avant d'entrer dans le salon.
e. Appuyez sur le bouton rouge si vous voulez payer en mensualités.
f. Vous égayez les journées de vos parents.
g. Essayez de ne pas vous noyer dans les problèmes des autres.

PISTE 17

a. C'était un beau voyage !
b. Ils n'ont pas nettoyé la chambre.
c. Appuyez sur le bouton vert.
d. Je suis effrayé par le prix de l'hôtel.
e. Nous ne nous sommes pas ennuyés !
f. Rayez la mention inutile.
g. Essuyez vos chaussures.
h. Envoyez-moi vos commentaires.

PISTE 18

a. Claude est italien.
b. Michel est mexicain.
c. Joëlle est américaine.
d. Noëlle est brésilienne.
e. Gaël est marocain.
f. Raphaëlle est chilienne.
g. Ernesto est cubain.
h. Gloria est uruguayenne.

U4 – À LA UNE

PISTE 19

Journaliste : C'est le journal de Florence Paracuellos. Bonjour Florence.
Florence Paracuellos : Bonjour Jérôme, bonjour à tous, trouver un bon métier avec un bon salaire : le but de la réforme du lycée professionnel selon Emmanuel Macron, plus de stages en entreprises rémunérés et moins de filières, détails dans un instant avant les annonces du président en fin de matinée. L'Ukraine et sa contre-offensive annoncée, pas d'effet de surprise pour les Russes. Eux aussi se préparent, nous dira le spécialiste défense Pierre Servent. On en reparle ensuite dans le grand entretien…
Journaliste : … avec la ministre des Affaires étrangères et européennes Catherine Colonna, invitée du grand entretien de la matinale, j'attends vos appels dès maintenant 01 45 24 70 00.
Florence Paracuellos : *El Niño*, l'enfant terrible du climat est de retour avec ses températures record à prévoir cet été. Même si l'Europe n'est pas concernée, les millions d'habitants des passoires thermiques vivent dans l'angoisse des canicules à venir. Dans ce journal aussi : enfin, un traitement contre le vitiligo, cette maladie qui dépigmente la peau. Le couronnement de Charles III qui se prépare à Londres, J-2, et les malheurs du football nantais, perdant de la Coupe de France. Les Nantais sont aussi relégables en championnat depuis hier soir.

PISTE 20

Philippe : Salut Alban, ça va ?
Alban : Salut Philippe, ça va, et toi ?
Philippe : Bien, merci. Enfin, non, pas vraiment… Tu n'as pas vu le dernier flash info à la télévision, hier ?! J'ai entendu une nouvelle qui me fait peur.
Alban : Ah bon ? Quelle nouvelle ? Je n'ai pas suivi les informations hier, j'étais très occupé.
Philippe : On dit que le gouvernement va bientôt interdire l'accès à Internet aux mineurs. Je n'en reviens pas, c'est fou !
Alban : C'est vrai que c'est une information qui circule depuis quelques jours. J'ai entendu Arnaud et Cynthia de la comptabilité en parler pendant la pause déjeuner toute la semaine. Mais je ne pense pas que ce soit vrai.
Philippe : Pourquoi ce serait faux, à ton avis ?
Alban : D'abord, on entend tellement de *fake news* sur la

politique du gouvernement en ce moment qu'il faut se méfier des mensonges qu'on nous raconte. Et puis Internet est un outil essentiel pour l'éducation, l'information et la communication. L'interdire aux mineurs serait les priver d'un droit fondamental.
Philippe : Je sais. C'est pour ça que cela me fait peur.
Alban : Je comprends. Mais ne t'inquiète pas, ils ne pourront jamais faire cela. Restons calmes et attendons de voir ce qui se passe.
Philippe : Oui, je crois que tu as raison.
Alban : Si tu veux, on peut se renseigner sur les sources de cette rumeur. On peut essayer de savoir qui la diffuse et pourquoi. Comme ça, tu seras un peu plus rassuré. Qu'en dis-tu ?
Philippe : Je trouve que c'est une bonne idée. Faisons cela.
Alban : OK, je passe à mon bureau pour poser mes affaires et je te rejoins dans dix minutes.
Philippe : Super, merci Alban.

PISTE 21

a. Il pourrait y avoir de la neige dans les Alpes ce week-end.
b. Les étudiants auraient dû passer un examen de rattrapage en juin.
c. Le tableau volé au musée serait un faux.
d. Il y a eu une grève des transports ce matin.
e. Les places du festival auraient coûté plus cher cette année.
f. Bordeaux a gagné le match face à Toulouse.
g. Il n'y aurait plus un seul logement disponible dans ce quartier.
h. Renault fabriquera sa nouvelle voiture dans son usine au Maroc.

PISTE 22

Une bonne partie des Français sentent qu'il y a trop d'informations à la télévision et sur Internet. Les nouvelles se répètent sans cesse dans les journaux télévisés et sur les espaces informatifs d'Internet.
On a tendance à dire : « trop d'information tue l'information », mais les médias saturent, avec les mêmes images et vidéos répétées cent fois, tous les espaces informatifs des chaînes, aussi bien en ligne qu'à la radio et à la télévision. Cette profusion de répétitions agace une bonne partie des auditeurs.
L'excès d'informations, souvent sur des faits graves, peut être considéré comme une nouvelle forme de pollution à laquelle nous sommes tous exposés, y compris les enfants et les adolescents qui possèdent de plus en plus de smartphones.

PISTE 23

a. Sérieux ? Il a osé dire ça ?
b. Elle est partie sans nous dire au revoir.
c. Ah bon ? Tu ne prends que ça ?
d. Nous n'avions pas envie de regarder ce film.
e. C'est vrai ? Il a le droit de faire ça ?
f. Incroyable ! Et tu ne m'as rien dit !
g. Je ne peux pas croire qu'il vende cette maison.

PISTE 24

a. Mes amis vont aller au café.
b. Le français est une très jolie langue.
c. Si tu veux, nous pouvons déjeuner.
d. Mercredi est un jour difficile.
e. Écoutez l'émission de demain.
f. Affinez un peu plus le projet.
g. Mes parents sont venus à Paris.

U5 – LES UNS ET LES AUTRES

PISTE 25

a. Ah oui, c'est une bonne chose qu'elle soit chez ses grands-parents.
b. Tu pourrais m'aider au lieu de râler !
c. Ça m'énerve quand il critique nos parents.
d. Je suis tellement heureuse que tu sois venue me voir en Espagne.
e. Ils auraient pu sourire pour la photo.
f. Il est super fier de sa carrière de chanteur.

PISTE 26

(Bip) « Bonjour, c'est Yanara, votre voisine. Vous pourriez utiliser votre place de parking et non la mienne, Diane. J'en ai marre ! »
(Bip) « Bonjour M. Payet, c'est Marjane. Vous pourriez faire vos machines la journée. La nuit, cela fait vraiment trop de bruit ! »
(Bip) « Bonjour Anita, c'est André. Vous ne devriez pas marcher avec vos chaussures à talons chez vous. On entend vraiment tout et c'est très désagréable. Vous pourriez acheter des chaussons comme tout le monde ! »
(Bip) « Bonjour Mme Léman, c'est Éloïse et Laurent, vos voisins. Vous auriez pu nous dire bonjour hier matin. Nous vous avons croisée en ville et vous nous avez évités... »
(Bip) « Salut, c'est Sophie, votre voisine de palier. Vous auriez dû sonner chez moi avant d'appeler la police, c'est quand même le minimum, Nicolas ! »

PISTE 27

Journaliste : Bonjour à tous et à toutes ! Aujourd'hui, nous commençons notre chronique sur l'éducation des enfants avec le témoignage de Pascal, professeur dans une école primaire à Bordeaux depuis 10 ans. Pascal va nous parler du comportement de ses élèves quand il a commencé à enseigner. Bonjour Pascal, nous vous écoutons.
Pascal : Bonjour et merci de me recevoir. Quand on est professeur, on a beaucoup de chance car on rencontre les nouvelles générations et notre métier est passionnant. Mais ce n'est pas toujours facile. Je me souviens de mes premiers mois dans ma classe de CE2. Il y avait Baptiste, c'était un élève qui arrivait tous les jours en retard, il disait que l'école ne servait à rien et il refusait de travailler en classe. Il était irrespectueux et préférait jouer avec ses fournitures pendant les cours. Je me rappelle aussi d'une élève qui était très mal élevée, Kiara. C'est elle qui avait la mauvaise habitude de parler en même temps que ses camarades et de les critiquer. J'étais très agacé qu'elle se comporte aussi mal avec les autres enfants. Mais j'ai également eu des élèves adorables. Par exemple, les jumeaux Adam et Abel étaient très sages. Le matin et le soir, ils me saluaient d'une manière très polie, ils étaient toujours à l'écoute de leurs camarades et très respectueux. Puis il y avait Lise aussi, une élève intelligente et discrète, toujours très bien élevée. Elle ne se disputait jamais avec les autres enfants. Ah, le pire c'était Pablo ! Il était insupportable ! Ses parents le laissaient faire tout ce qu'il voulait à la maison. Un jour, il s'est levé pendant la leçon et il est parti courir dans la cour de récréation. Une sacrée histoire ! La directrice de l'école n'a rien dit car elle avait peur de la réaction de ses parents. Heureusement, aujourd'hui, ils sont tous étudiants à l'université, je suis très fier d'eux.

Transcriptions des enregistrements

PISTE 28
a. Je n'aime pas quand il fait cela !
b. Il a mangé tout le poisson ?
c. C'est incroyable qu'il soit parti comme ça.
d. Je commence demain mon nouveau travail.
e. Ils vont bientôt arriver !
f. Tu ne m'avais pas dit ça avant !
g. Ils partent demain matin, très tôt.
h. Mais non ! Elle n'a pas dit ça ?
i. Nous devons passer par cette rue ?

PISTE 29
a.
- Hier, Louise et moi, nous sommes allées voir un super film !
- Quel film ?
- *Oppenheimer*.
- Vous auriez pu me prévenir.

b.
- Ça fait une semaine que j'ai des maux de tête.
- Tu as pris quelque chose ?
- Des antidouleurs seulement.
- Tu devrais aller chez le médecin.

c.
- Mes notes ne sont pas très bonnes ces temps-ci.
- Tu n'étudies pas assez ?
- Je n'ai pas beaucoup de temps.
- Tu pourrais t'organiser un planning quotidien pour étudier.

d.
- Ma mère se plaint parce que je ne vais pas la voir.
- Et elle a raison ?
- Oui, un peu.
- Tu devrais aller la voir de temps en temps.

e.
- J'ai pris un kilo pendant les vacances.
- Tu as trop mangé ?
- Oui, et j'ai trop bu.
- Ce serait bien de manger un peu moins et de faire du sport.

U6 – C'EST INDISPENSABLE ?

PISTE 30
a. C'est bien pratique !
b. C'est moche et encombrant !
c. Ça ne sert absolument à rien.
d. C'est un objet léger et utile.
e. Ça permet de mieux voir.
f. Ça tombe souvent en panne.
g. C'est totalement inutile !

PISTE 31
Quand on parle de *goodies*, un des premiers objets auxquels on pense, c'est le stylo. En effet, on utilise cet objet comme support publicitaire depuis plus d'un siècle. Les premiers *goodies* datent du 19ᵉ siècle, à l'époque de la révolution industrielle. En France, le premier à faire des *goodies*, c'est le patron du magasin *Au Bon Marché*, à Paris. Il publie un catalogue dans lequel les clients trouvent des petits cadeaux. À l'époque, la méthode est nouvelle, mais elle marche ! Il propose alors des éventails avec lesquels il attire et fidélise ses clients, qui adorent collectionner ces beaux objets.
L'évolution des *goodies* s'arrête avec la Seconde Guerre mondiale. La guerre est un traumatisme collectif après lequel les mentalités changent complètement. En effet, après 1945, les gens ont besoin d'objets utiles. Ce critère devient alors le plus important. À la même époque, les vendeurs de produits alimentaires commencent à donner de l'importance à leur image et à l'esthétique de leurs produits. C'est pour cela que certaines marques de chocolat proposent de belles boîtes en métal, réutilisables, dans lesquelles les Français peuvent ranger et stocker des biscuits, ou d'autres objets pour lesquels ils n'ont pas de rangement. Il faut savoir que, dans les années 50-60, les Français ont besoin de sécurité. C'est la raison pour laquelle ils veulent stocker.
Les années passent et les Français changent. Ils veulent maintenant collectionner, accumuler. Alors, dans les années 80, de nouveaux *goodies* apparaissent : des autocollants, des magnets promotionnels, des T-shirts… Mais les entreprises délocalisent leur production car les salaires sont moins élevés ailleurs. La production de *goodies* continue. Il y en a tellement partout qu'ils commencent à avoir une mauvaise image. On les trouve inutiles et de mauvaise qualité. Pour beaucoup de gens, les *goodies* sont tous des produits identiques, sur lesquels seuls les logos changent. Ils n'ont aucune valeur et sont fabriqués dans des pays très lointains.
Et puis les mentalités évoluent encore. Dès 2000, les entreprises redonnent une grande importance à la production locale et éco-responsable. On essaie alors de créer des objets publicitaires plus utiles. Les marques choisissent des objets plus écolos avec lesquels elles donnent une bonne image d'elles-mêmes.

PISTE 32
a. Moi, j'écris ma thèse et, en même temps, j'écoute de la musique.
b. Moi, je chante quand je suis la douche.
c. Mon frère écoute des podcasts quand il conduit sa voiture.
d. Ma sœur fait le ménage et elle révise son texte de théâtre en même temps.
e. Mon fils parle et mange en même temps, c'est insupportable !
f. Ma fille arrive à te parler et à envoyer des SMS en même temps !

PISTE 33
a. La basilique du Sacré-Cœur est un monument incontournable de Paris.
b. Une personne qui ne trie pas ses déchets, c'est inouï !
c. Ce programme de recyclage est inopérant.
d. Il est inconcevable que vous utilisiez encore des verres jetables.
e. Le bruit incessant de la pluie m'aide à dormir.
f. Je veux passer inaperçu afin que le directeur ne me voie pas.
g. Les articles publicitaires sont importants pour l'entreprise.
h. Il est inadmissible que tu arrives toujours en retard !
i. Ce spectacle nous a surpris, il était inattendu.
j. Il est impossible de vendre une voiture à ce prix.

PISTE 34
a. Il adore la musique classique. Il en écoute tous les jours.
b. Il gagne sa vie en écrivant des poèmes qu'il vend.
c. Nous voulons lui offrir un vase en argent.
d. Il y a encore des bonbons, prenez-en si vous voulez.
e. L'appétit vient en mangeant.
f. Il y a beaucoup de cerises, nous en avons acheté 3 kilos.
g. Comment peux-tu étudier en écoutant du rock ?

U7 – TOUT NUMÉRIQUE

PISTE 35

a. Avant de visiter une ville, elle achète un guide touristique.
b. Pendant une conversation, elle cherche des infos sur les sujets dont ses amies parlent.
c. Il ne fait plus l'effort de mémoriser une date, un nom…
d. Il n'écrit jamais de SMS et ne téléphone jamais, il envoie des lettres.
e. Elle a un petit cahier avec les numéros de téléphone de tous ses amis.
f. Il partage sa vie, en direct, sur les réseaux sociaux.

PISTE 36

1.
● Je ne me souviens plus combien coûtait le smartphone qu'on a vu avant-hier dans la boutique…
○ 149 euros 90.
● Waouh, c'est précis !

2.
● On va au cinéma ce soir ?
○ Je ne peux pas, j'ai piscine ce soir. Je te l'ai dit il y a trois minutes.
● Ah pardon, j'ai oublié.

3.
● Vous pourriez reconnaître la personne que vous avez vue dans le magasin ?
○ Bien sûr ! Je suis très physionomiste. C'était un homme, avec une barbe, les yeux verts et une petite cicatrice sur le front.

4.
● On joue au jeu Trivial Pursuit ?
○ Oh non, avec toi, ce n'est pas drôle. Tu sais toutes les dates, les noms, les lieux… Tu gagnes tout le temps.

5.
● Alors, bienvenue à votre deuxième cours de français. Zsofi, Gabor, Emöke, Timea, Balint et Arpad, c'est ça ?
○ Oui, c'est ça !

6.
● Tu m'as promis qu'on irait chez mes parents pour les vacances.
○ Ah bon ? Je ne me souviens pas de cette partie de la conversation. J'ai oublié ce détail.

PISTE 37

a.
● Les profs vont devoir apprendre à reconnaître un devoir fait avec ChatGPT.
○ C'est certain !

b.
● On passe beaucoup de temps à écrire avec un ordinateur. Un jour, on ne saura plus écrire à la main.
○ C'est sûr.

c.
● Je crois que la mémoire de mon smartphone est pleine…
○ Ça se pourrait bien.

d.
● Dans le futur, toutes les maisons auront des robots.
○ Il y a des chances.

e.
● Cet article est bizarre. Tu crois qu'il a été écrit par ChatGPT ?
○ Sans doute.

f.
● J'ai peur que les services publics disparaissent avec les progrès de la technologie.
○ C'est inévitable.

g.
● Il va falloir qu'on apprenne à reconnaître des images générées par IA.
○ Probablement.

h.
● Les IA vont changer beaucoup de nos habitudes.
○ C'est évident.

PISTE 38

Notre époque a vu naître beaucoup de solutions technologiques pour presque tous les domaines de notre vie : les rencontres, les déplacements, les achats… L'apprentissage des langues fait aussi partie des domaines dans lesquels la technologie apporte des aides. Même si apprendre une langue est un processus difficile qui nécessite différentes compétences humaines, l'IA peut avoir une action positive. Eh oui, même si ça semble bizarre, l'IA peut nous aider à mémoriser, mais aussi à communiquer en temps réel.
Alors, la mémorisation, je ne vais pas en parler beaucoup, parce que je crois que vous connaissez déjà tous et toutes les différentes applications amusantes pour apprendre des mots ou des phrases entières. Ce sont souvent des applis qui ont la forme de jeux. Bien qu'elles ne remplacent pas du tout un vrai cours de langue, elles permettent d'accumuler du vocabulaire, quelques minutes par jour. Les mots reviennent chaque jour et cela nous permet de les retenir.
Aujourd'hui, je voudrais surtout vous parler d'un autre outil qui, à mon avis, peut être très utile dans notre apprentissage, c'est le chatbot. Alors, c'est quoi un chatbot ? Ce n'est pas le mélange d'un chat avec un robot, non non. On l'appelle aussi « agent conversationnel ». En fait, c'est un robot intelligent qui répond à vos questions, exactement comme si vous chattiez avec une personne inconnue. Cela permet d'automatiser des conversations parce que le chatbot est capable d'interagir et de communiquer avec des humains. Il peut marcher sur différents supports : une messagerie sur un site web, une application mobile ou les réseaux sociaux. Je sais, vous allez me dire qu'un chatbot, c'est horrible, que celui de la SNCF ne comprend jamais votre problème, qu'il vous répond des phrases mécaniques et que c'est insupportable ! Je le reconnais, pour résoudre un problème administratif, rien ne remplace un vrai humain. Mais, pour systématiser, mémoriser des phrases, le chatbot peut être utile parce que… contrairement à un humain, le chatbot ne se fatigue jamais de répéter mille fois la même chose. Et comme disait mon prof de latin au lycée : « Enseigner, c'est répéter ».

PISTE 39

a. Regardez ces magnifiques dents.
b. Quel joli paon.
c. Elle dessine un beau dessin !
d. J'aime ce vent.
e. Je vais faire couler l'eau du bain.
f. Mon frère rêve d'être marin.

PISTE 40

a. Je me rince les cheveux.
b. Ce beurre est rance.
c. Il a beaucoup de chance !
d. Elle met les mains sur les hanches.
e. Je tends la main à mes amis.
f. On fait du bon pain en France.
g. Il parle bien l'italien.

Transcriptions des enregistrements

U8 – CHANGEONS LE MONDE !

PISTE 41

Journaliste : Bonjour à tous les auditeurs et auditrices qui nous rejoignent pour cette matinale politique ! Aujourd'hui, nous parlons de la nouvelle réforme des retraites qui oblige les salariés à travailler plusieurs années de plus avant de prendre leur retraite. Nos cinq invités ont décidé de prendre la parole pour partager leurs opinions sur cette réforme. Commençons par vous, monsieur. Quelle est votre opinion sur la réforme des retraites ?
Pers1 : Bonjour à tous. Je pense qu'il est important d'adapter le système des retraites à l'évolution de la population. Puis on vit plus longtemps qu'avant, c'est donc normal qu'on travaille plus, il faut arrêter de râler contre les décisions de l'État.
Journaliste : Merci beaucoup. Passons maintenant à vous monsieur. Qu'en pensez-vous ?
Pers2 : Je trouve que c'est injuste de demander aux salariés de travailler jusqu'à 64 ans alors qu'ils travaillent déjà depuis leurs 18 ans. J'espère de tout mon cœur que le gouvernement va abandonner son projet de réforme. Je suis bientôt à la retraite, j'aimerais en profiter.
Journaliste : Très bien. C'est à vous madame !
Pers3 : Je pense que cette réforme est nécessaire pour assurer la continuité du système. Cependant, je trouve intolérable que certains travailleurs soient plus avantagés que d'autres grâce à cette réforme. Le gouvernement doit prendre des mesures plus justes.
Journaliste : Passons à vous. Quelle est votre opinion sur la réforme des retraites ?
Pers4 : Bonjour à tous. C'est injuste de demander aux travailleurs de faire plus d'efforts. Je suis syndicaliste et je suis en colère contre ces réformes qui menacent les travailleurs les plus pauvres.
Journaliste : Merci beaucoup ! Enfin, écoutons notre dernière intervenante, Lisa, pompier de profession. Quelle est votre position ?
Pers5 : Je trouve que c'est intolérable de demander aux travailleurs de travailler plus longtemps sans se soucier des conditions difficiles de certains métiers. Prenons l'exemple de mon métier, je suis pompier depuis un an et avec mes collègues, nous risquons nos vies tous les jours pour sauver les citoyens. Je soutiens à 100 % le mouvement de protestation.
Journaliste : Merci à tous nos invités d'avoir partagé leurs opinions sur la réforme des retraites. Restez à l'écoute pour plus d'informations et de débats sur ce sujet. Merci d'avoir été avec nous aujourd'hui !

PISTE 42

a. Des scientifiques développent un nouveau médicament pour traiter la grippe.
b. Les acteurs sont félicités par le public à la fin de chaque représentation.
c. L'équipe nationale de rugby remporte la victoire face à l'Irlande.
d. Un nouveau projet de loi est débattu au parlement.
e. La conférence sur l'apprentissage des langues étrangères est présentée par la présidente de l'association.
f. Le musée d'Orsay ouvre une nouvelle galerie sur les peintres impressionnistes.

PISTE 43

Journaliste : Bonjour à tous, merci d'avoir accepté de participer à cette émission spéciale « La jeunesse milite pour la planète ». Commençons par une question pour vous tous : Quel est votre avis sur la question du changement climatique et de l'urgence écologique ? Samira, on vous écoute.
Samira : Si tout le monde s'engageait pour le climat, nous pourrions peut-être éviter le pire. J'espère que cela va changer avant qu'il ne soit trop tard.
Journaliste : Nolan, vous voulez prendre la parole ?
Nolan : Oui, moi je suis en colère contre les entreprises qui polluent la Terre sans se soucier des conséquences. Il faut demander des explications à ces pollueurs.
Journaliste : Sasha, c'est à vous…
Sasha : Je souhaite que les jeunes générations soient éduquées aux enjeux environnementaux afin qu'elles puissent avoir un impact plus important sur l'avenir.
Journaliste : Louise, on vous écoute.
Louise : J'aimerais que les gouvernements votent des lois concrètes pour protéger notre planète. Nous ne pouvons plus attendre, le gouvernement doit faire quelque chose.
Journaliste : Et une dernière intervention avec Fatou.
Fatou : Je trouve que c'est intolérable ! Dans certaines régions, il y a des phénomènes météorologiques extrêmes à cause du changement climatique. Nous devons agir maintenant.
Journaliste : Merci à chacun et chacune d'entre vous pour vos réponses. Je vous donne rendez-vous à 18 h 30 pour une nouvelle question.

PISTE 44

a. L'écologisme est un mouvement mondial.
b. Nous vivons dans un monde capitaliste.
c. Le modernisme surgit au XXe siècle.
d. Le féminisme avance dans le monde.
e. Les animalistes se préoccupent des droits des animaux.
f. Les altermondialistes luttent pour une consommation locale.
g. Il étudie le syndicalisme du XXe siècle.

PISTE 45

a. Je vais acheter un dé.
b. Elle est chez sa tante.
c. Il tousse beaucoup.
d. C'est un enfant docile.
e. Va sous la tente.
f. J'ai mal aux dents.
g. C'est tout ?
h. C'est ma trousse.

PISTE 46

Quelle heure est-il,
Madame Persil ?
Six heures moins le quart,
Madame Placard.
En êtes-vous sûre,
Madame Chaussure ?
Évidemment,
Madame Piment.

U9 – COUP DE FOUDRE

PISTE 47

a. Nous nous sommes rencontrés à l'université.
b. Elle se réveille à 7 h 30 tous les matins.
c. Parfois, mon frère et ma belle-sœur se disputent mais ils se réconcilient toujours.
d. Après des années de mariage, ils s'aiment toujours autant.

Transcriptions des enregistrements

e. Il a divorcé l'année dernière.
f. Je me prépare en 30 minutes.

PISTE 48

a. Salut tout le monde, c'est Gabriel. Aujourd'hui, je vais vous raconter comment j'ai rencontré Charlotte. C'était au lycée, Charlotte était dans ma classe. Dès la rentrée, je me suis dit : « Waouuuuuh, qu'est-ce qu'elle est mignonne ! »
b. Un jour, lors de la fête de fin d'année, nos regards se sont croisés. Et là, c'était comme si le temps s'était arrêté. Soudain, je ne voyais plus qu'elle !
c. On a commencé des petits jeux de regards dans les couloirs. J'avais plein de petites attentions pour elle. Mais on ne se parlait pas.
d. Puis on a finalement discuté un soir en sortant de cours et là, l'amour avec un grand A. C'était incroyable, comme dans un rêve !
e. Pendant des mois, on ne pouvait plus se quitter. On se voyait dès que possible, on s'aimait beaucoup, beaucoup, beaucoup ! C'était comme si rien d'autre n'existait autour de nous.
f. Mais, comme toutes les bonnes choses, ça a pris fin quand Charlotte a déménagé pour ses études. On s'est quittés, on s'est perdus de vue. Qui sait, peut-être qu'un jour nos chemins se recroiseront ?

PISTE 49

Kerem : « Moi, c'est Kerem ! Grâce à moi, il y a toujours de bonnes relations dans mon groupe de copains. Je sais vraiment comment créer du lien social et passer des moments avec mes copains dans la bonne humeur. »
Renaud : « Je m'appelle Renaud. J'adore manger un carré de chocolat le soir avant de me coucher ! C'est mon péché mignon ! »
Jessica : « Je suis Jessica. Je ne prends pas trop d'initiatives, c'est vrai qu'en général, je préfère suivre les décisions des autres, je ne suis pas une personne d'action. »
Julie : « Mon prénom c'est Julie. Je suis super contente de ma carrière, j'espère avoir une promotion cette année. J'ai réussi tout ça en étant mère de deux enfants en plus ! »
Mickaël : « Je suis Mickaël. Les gens me pensent égoïste mais, en réalité, ce n'est pas vrai. Je suis indépendant et autonome et l'essentiel, c'est… moi ! Mon bonheur, ma réussite ! »
Hermine : « Je m'appelle Hermine. J'ai toujours été proche de ma famille. C'est aussi important pour moi d'avoir des contacts physiques avec eux. J'ai besoin de prendre ma fille dans mes bras. J'aime aussi marcher main dans la main avec mon mari. »
Noémie : « Moi, c'est Noémie. Le bien-être de mes proches, c'est le plus important. Si mes amis et ma famille vont bien, je vais bien. J'aime donner sans rien attendre en retour ! »
Antoine : « Je suis Antoine. Je manifeste toujours beaucoup d'affection à mes amis : un petit geste, un regard ou un petit mot sympa. Je trouve important de donner de l'attention aux gens que l'on aime. »

PISTE 50

Sofia, avocate italienne, et Raj, ingénieur indien, se sont rencontrés à la télévision dans l'émission « Amore du bout du monde ». Cette émission italienne organise des rendez-vous romantiques entre des hommes et des femmes de différentes nationalités. Pour leur premier rendez-vous, Raj et Sofia sont allés boire un verre dans un petit café italien. Sous le charme de la jolie Sofia, c'est Raj qui a engagé la conversation en premier même s'il était un peu timide. Sofia était une femme conviviale et bavarde. Après un deuxième rendez-vous dans un restaurant indien, ils ont décidé de quitter l'émission pour vivre une belle histoire d'amour… à distance. En effet, ils n'habitaient pas dans la même ville en Italie.
De plus en plus amoureux, Raj a présenté Sofia à sa famille. La première chose qui a surpris Sofia chez les Indiens, c'est qu'ils respectent une distance physique avec les autres contrairement aux Italiens qui sont plus tactiles… Elle a dû apprendre à joindre ses deux mains sous son menton et baisser un peu la tête pour saluer les parents de Raj. Quelques mois plus tard, ils se sont mariés en Inde. Un beau mariage de trois jours qui a mélangé les traditions italiennes et indiennes : de la bonne humeur, de la danse et des couleurs. À l'arrivée de leur premier enfant, ils ont décidé de s'installer en Inde. Pendant un an, ils ont constitué une famille unie.
Cependant, Sofia a commencé à avoir le mal du pays. Elle ne voyait plus ses amis, sa famille lui manquait, elle se sentait déprimée… Elle voulait déménager en Italie et retrouver sa vie d'autrefois. De son côté, Raj rêvait de voyager et de découvrir d'autres pays, mais il ne souhaitait pas du tout retourner en Italie. Aussi, Sofia reprochait à Raj de ne pas vouloir apprendre l'italien et Raj reprochait à Sofia de ne pas bien parler anglais. Ils ne se comprenaient pas et se disputaient souvent.
Alors, quand il a eu une proposition pour un meilleur poste à Londres, ils ont pris la décision difficile de se quitter. Mais ils ont choisi de rester amis et de se voir souvent pour le bien-être de leur enfant. Aujourd'hui, leurs chemins se sont séparés mais Sofia et Raj gardent en mémoire les beaux moments partagés et chacun a trouvé le bonheur dans un pays différent.

PISTE 51

a. Elle ne fume plus depuis l'année dernière.
b. Tu veux un peu plus de tarte au citron ?
c. Sophie est plus agréable que sa sœur.
d. Cette maison est plus jolie que celle que tu m'as montrée hier.
e. Je ne peux plus rien manger.
f. Les Français boivent plus de vin que les Belges.
g. Ce livre est plus intéressant que le tien.
h. Celui qui travaille le plus, c'est Pascal.

PISTE 52

a. Il pleuvait beaucoup cet été.
b. Nous voudrions partir demain.
c. Elle pourrait venir à pied.
d. Nous travaillions ce jour-là.
e. Ils partiraient tôt le matin.
f. Je connaissais bien ce quartier.
g. Nous prendrions le métro à Paris.
h. Tu faisais beaucoup de sport.

U10 – BON PUBLIC

PISTE 53

1. Je regarde toutes les séries qu'on me conseille, même si je ne les aime pas.
2. Je ne sais jamais quoi regarder, il y a trop de choix.
3. Je suis capable de regarder toute une série en une nuit.
4. Je conseille beaucoup de séries que personne n'aime.
5. Je regarde mes séries préférées tout seul.
6. Je regarde plusieurs séries à la fois.
7. Je commence plein de séries sans en finir aucune.
8. Je ne regarde que des séries en version originale.
9. Je raconte toujours la fin des séries à mes amis.

Transcriptions des enregistrements

PISTE 54

1.
- Et toi, c'est lequel ton préféré ?
- Moi ? Euh, j'aime beaucoup celui où Xavier part à New York. C'est le troisième, non ?
- Oui, oui. C'est celui où Audrey Tautou parle chinois ?
- Oui… mais les deux premiers sont super aussi. En fait, tous les films de ce réalisateur sont bien.

2.
- Pour moi, la meilleure, c'est celle avec Monica Bellucci qui cherche un mari et Jean Dujardin qui ne pouvait pas sortir de son rôle.
- Oui, c'est la troisième. J'ai regardé tous les épisodes en une seule nuit ! Tu sais quand va sortir la prochaine saison ?

3.
- Je n'avais pas lu les premiers tomes, mais j'ai bien aimé les deux derniers.
- C'est ceux qui se passent 20 ans après les premiers ?
- Oui. Ça m'a donné envie de lire les autres, ceux sortis quand on était jeunes.
- Je les ai en livre de poche, je te les prêterai.

4.
- Ah bah toutes celles qui se passent au tribunal, j'adore. Je suis fan du personnage du juge.
- Ah oui ? Moi je préfère celles tournées en extérieur, surtout les scènes d'action !
- De toute façon, tout est bien dans cette série. Je crois qu'il n'y a pas une seule scène où je me suis ennuyée.

5.
- Moi, à chaque fois que l'héroïne parle d'amour, je pleure. Ceux de l'acte 3 sont magnifiques.
- Oui, mais ceux de l'acte 2 sont beaux aussi et plus romantiques.
- Oui oui, en fait, tout le texte est magnifique, c'est pour ça que la pièce est un classique.

6.
- Tu en regardes beaucoup, toi ?
- Pas trop, juste un. J'adore celui présenté par Nagui.
- Celui où il faut chanter ?
- Oui oui, tu sais, celui où on gagne de l'argent si on connaît les paroles d'une chanson.

PISTE 55

Journaliste : Bonjour.
Actrice : Bonjour.
Journaliste : Vous êtes prête pour l'interview express ?
Actrice : Oui, je crois.
Journaliste : Des questions très courtes, des réponses rapides, sans réfléchir, d'accord ?
Actrice : D'accord. On y va !
Journaliste : De quoi avez-vous besoin en ce moment ?
Actrice : D'un café !
Journaliste : De quoi avez-vous peur ?
Actrice : Euh… de mon prochain film.
Journaliste : De quoi avez-vous envie en ce moment ?
Actrice : De finir rapidement cette interview !
Journaliste : De quoi avez-vous horreur ?
Actrice : Des interviews en général.
Journaliste : De quoi êtes-vous fière ?
Actrice : De ma carrière à la télé.
Journaliste : Vous avez honte de quelque chose ?
Actrice : Non. Ah si, de mon premier film. J'étais très mauvaise.
Journaliste : Vous avez envie de quoi au cinéma ?
Actrice : D'un rôle de femme politique.
Journaliste : Il y a un acteur dont vous êtes fan ?
Actrice : Mon mari.
Journaliste : Vous avez une question ?
Actrice : Euh non.
Journaliste : C'est fini.
Actrice : Ah super, c'était amusant.

PISTE 56

1. Je suis énervée. On avait rendez-vous devant le cinéma, il est arrivé en retard, comme d'habitude.
2. Mon frère critique tous les films que j'aime, je ne peux pas le supporter.
3. J'en ai assez ! Je fais tout et toi, tu passes ton temps à regarder la télé ! Viens m'aider.
4. Dans le métro, il y a des gens qui regardent leur smartphone avec le son hyper fort, sans casque. Ce n'est pas très respectueux pour les autres.
5. Les sous-titres vont trop vite, on n'a pas le temps de les lire ! C'est assez fatigant.
6. Une dame est passée devant moi, dans la file d'attente, au cinéma. Ce n'est pas très poli.

PISTE 57

Vous n'aimez pas les documentaires ? Vous pensez que c'est ennuyeux ? Scolaire ? Lent ? Pas du tout ! D'abord, il faut savoir que le documentaire est un genre cinématographique passionnant. Il est vrai que le documentaire a toujours pour but d'informer, mais il est aussi une œuvre d'art. Son réalisateur choisit, par exemple, l'ordre des interviews, les images, la musique, tout ! Voici quelques arguments qui vont peut-être vous faire abandonner vos séries préférées.
D'abord, il y a des documentaires pour tous les goûts ! Nature ? Histoire ? Biographie ? Société ? Aujourd'hui, il est très facile de trouver un documentaire sur n'importe quel sujet, grâce aux plateformes qui sont pleines de documentaires variés et très bien faits !
Ensuite, grâce aux documentaires, on a plus de culture générale. Visionner des documentaires est une bonne manière d'avoir des connaissances sur des sujets qui sont loin de notre quotidien. Comment apprendre des choses sans lire Wikipédia ? En regardant des documentaires !
Et même si vous ne voulez pas apprendre, il y a un autre bon côté. Les documentaires nous font voyager. Ils nous font découvrir des cultures et des lieux magnifiques. Dans un monde où on se pose de plus en plus la question de l'impact des avions sur notre planète, voyager tout en restant sur son canapé peut être bénéfique.
Et puis, enfin, les documentaires nous aident à mieux comprendre les autres. Ils développent l'empathie, la sensibilité aux problèmes du monde et des sociétés. Ce n'est pas qu'une simple question d'accumuler des connaissances, c'est aussi une question humaine.
Et si ça ne suffit pas, il faut que vous sachiez que les documentaires rendent heureux. Oui, oui ! Des études scientifiques ont montré que le fait de visionner des documentaires animaliers a des effets positifs sur notre santé mentale. Alors, si vous êtes stressé, allumez vite votre télé et regardez 30 minutes de reportage sur les pandas ! C'est sans doute plus efficace que de regarder six épisodes d'une série.

PISTE 58

a. Vous auriez pu me prévenir avant !
b. Ce n'est pas un peu trop fort ?
c. Je vous l'ai déjà dit au moins dix fois.
d. Ce n'est pas comme cela que tu vas réussir !
e. Non, merci, je ne veux plus de café.
f. Je vous le dirai bientôt.
g. Vous n'avez rien à faire ?
h. Vous voulez vraiment faire ça ?

Transcriptions des enregistrements

PISTE 59
a. Samedi soir, mes amis et moi, nous irons au cinéma.
b. Hier matin, Jean et Sophie sont venus te chercher.
c. Tu devrais m'aider à porter ces cartons.
d. Elle a peur que les invités arrivent en retard.
e. Tu devrais travailler un peu plus à l'école.
f. J'ai besoin de vacances pour me reposer.
g. Lidwine va passer ses vacances à Nice.
h. Mes voisins font beaucoup de bruit la nuit.

U11 – QUELLE HISTOIRE !

PISTE 60
a. On a restauré les monuments.
b. On a traduit en trois langues les explications.
c. On a construit des toilettes sur le site.
d. On a développé les chemins pour les handicapés.
e. On a ouvert une boutique de souvenirs.
f. Aujourd'hui, on attend des visiteurs du monde entier.
g. On vend 1 000 tickets chaque jour.

PISTE 61
a. La forteresse de Salses, à côté de Perpignan, ça vaut le détour !
b. Tu vas à Narbonne ? Mais il n'y a rien à voir !
c. Il faut que tu voies l'hôtel Pams, dans le centre de Perpignan, ça vaut le coup d'œil.
d. Le musée des Sciences naturelles ne vaut pas vraiment le coup…
e. Tu restes trois jours dans la Creuse ? Tu vas t'ennuyer.
f. À mon avis, tu vas être déçu par le musée du Mémorial du Camp de Rivesaltes.
g. Il y a une toute petite exposition sur l'écologie qui vaut le coup d'œil. Je t'enverrai le nom.

PISTE 62
En septembre 2023, le temple romain de la ville de Nîmes, fondée par les Romains, a obtenu une reconnaissance attendue depuis des années. Ce bâtiment antique parfaitement conservé malgré son âge de plus de 2 000 ans est le 51e monument français inscrit sur la prestigieuse liste de l'UNESCO. La Maison Carrée, comme on l'appelle, est un temple construit au début de notre ère. Pour le maire de la ville, cette reconnaissance va « *générer une hausse de la fréquentation touristique* » et aura donc des conséquences économiques importantes.
Cela faisait longtemps que la ville rêvait de cette inscription. La ville avait candidaté il y a environ quatre ans. Mais la candidature n'avait pas été retenue, contrairement à l'aqueduc du pont du Gard, à quelques kilomètres de Nîmes, ou à la ville voisine, Arles, qui a également un patrimoine antique très riche. Un dossier de candidature avait été présenté en 2018. C'est donc une longue histoire qui se termine aujourd'hui, par une victoire.
Pour l'histoire, il faut savoir que la ville de Nîmes est une ancienne colonie romaine qui a connu sa période la plus riche sous l'empereur Auguste. Puis elle est devenue une ville importante pour son commerce et sa culture. En effet, en plus de la Maison Carrée, on peut y voir de magnifiques monuments antiques, comme les Arènes de Nîmes, un amphithéâtre dans lequel on organise, encore aujourd'hui, de nombreux spectacles.

PISTE 63
Bonjour, je me présente, je suis Monia Chereul, je suis historienne, et j'aimerais vous parler aujourd'hui des monuments romains en Tunisie, qui constituent un patrimoine historique et culturel absolument exceptionnel. Dans ma présentation, je rappellerai d'abord un peu d'histoire du pays sous l'Empire romain, puis nous nous intéresserons aux grands sites archéologiques et à leur importance touristique. Enfin, nous verrons la menace que le tourisme peut représenter pour ces sites et comment une action de sauvegarde et de protection peut être faite. Bien, comme je vous disais, la Tunisie a un patrimoine historique unique… Pourquoi ? Il faut savoir que les Romains…

PISTE 64
a. « La tour Eiffel a été construite en deux ans. Enfin presque, plutôt en deux ans, deux mois et cinq jours. C'est un record pour l'époque. »
b. « Si je comprends bien ce que vous avez dit au début, la tour Eiffel n'a pas été construite pour rester à Paris. On devait la démonter après l'exposition universelle, c'est ça ? »
c. « La tour Eiffel a trois étages ouverts au public. On peut monter jusqu'au second étage à pied mais, pour le troisième étage, l'ascenseur est obligatoire. À propos du troisième étage, j'aimerais vous raconter une anecdote. Vous saviez qu'il y avait un petit appartement tout en haut, en 1889 ? Gustave Eiffel y recevait des visiteurs. »
d. « La tour Eiffel porte le nom de son créateur, Gustave Eiffel. En fait, pas exactement. Elle a été imaginée par des ingénieurs qui travaillaient pour Gustave Eiffel. »
e. « Nous visiterons aujourd'hui les sites archéologiques de Bretagne où vous pourrez voir de nombreux menhirs. À propos, le mot « menhir » vient du breton, et il est composé de *maen* et *hir,* pierre – longue. Mais revenons aux sites. Donc, ils datent de l'âge de bronze. »
f. « Excusez-moi, tout à l'heure, vous avez dit que le mot « menhir » venait du breton, et que ça veut dire « grosse pierre », c'est ça ? »

PISTE 65
a. Il y a beaucoup de menhirs en Bretagne.
b. Tu y es déjà allé ?
c. Mange des crêpes !
d. Il pleut souvent.
e. Tu aimeras beaucoup les paysages.
f. N'oublie pas ton parapluie !

PISTE 66
a. J'aime beaucoup les hiboux.
b. L'horloge est sur la cheminée.
c. Il est parti en hélicoptère.
d. Elle se repose dans son hamac.
e. C'est un grand héros.
f. Une hirondelle ne fait pas le printemps.
g. Je cherche une chambre d'hôtel.
h. Je préfère une place à côté du hublot.

U12 – C'EST LA VIE !

PISTE 67
1.
● On devrait aller au cinéma ce soir, tu veux voir quel film ?
○ Ça m'est égal ! Peu importe.

cent vingt-cinq 125

Transcriptions des enregistrements

2.
- On peut décaler la réunion à demain ?
- Oui, bien sûr. Demain, 10 h, ça te va ?
- Oui, c'est parfait ! J'apporterai les cafés.

3.
- Je ne pense pas aller à la soirée de Marie samedi. J'ai beaucoup de choses à faire.
- Comme tu veux. C'est pas grave si tu ne viens pas.

4.
- Tu as vu le dernier match de handball ?
- Non, le handball, ça ne m'intéresse pas du tout.

5.
- Qu'est-ce que tu veux manger, ce soir ? Une soupe, ça te va ?
- Une soupe… Une salade… peu importe. Tout me va. Je n'ai pas vraiment de préférence.

6.
- Alors, tu as réfléchi à ton cadeau d'anniversaire ?
- Oh, cette année, j'aimerais visiter Budapest. J'ai entendu parler de son magnifique parlement, de son château unique et de ses thermes incroyables. J'adorerais y aller !

PISTE 68

a. Si j'avais su que tu étais blessé, je serais venu te voir plus tôt. Je suis désolé.
b. C'est à cause de toi si je suis en retard ! La prochaine fois, je ne t'attendrai pas. Tu ne fais aucun effort !
c. J'aurais dû prendre plus de temps pour faire ce projet. Il n'est pas du tout réussi.
d. Si j'avais su que tu adorais la glace, je t'en aurais laissé. Je suis vraiment navré.
e. Il aurait pu me demander avant de prendre ma voiture ! J'en avais besoin pour aller chercher Jules à l'école.
f. Je lui en veux terriblement ! Ça ne se fait pas de me laisser attendre au restaurant sans prévenir.

PISTE 69

a. **Pers1 :** Depuis mon enfance, je rêvais de visiter Paris et je l'ai fait ! J'ai toujours été fasciné par la beauté de la ville, la tour Eiffel, les Champs-Élysées. Et un jour, j'ai finalement réalisé mon rêve. J'ai pris un avion et je suis arrivé à Paris. C'était une expérience inoubliable.
b. **Pers2 :** J'ai toujours rêvé de devenir joueuse de football professionnel. J'ai passé des heures à m'entraîner et à jouer dans des équipes locales. Malheureusement, je me suis gravement blessée lors d'un match important et cela a mis fin à ma carrière de sportive. J'ai dû abandonner mon rêve et j'ai ressenti une grande déception.
c. **Pers3 :** Quand j'étais petit, je passais des heures à regarder les avions voler dans le ciel. Je rêvais de devenir pilote. Adulte, j'ai pris quelques leçons de pilotage. Mais quand j'ai vu le coût de la formation et de la licence, j'ai dû abandonner mon rêve d'enfant, c'était trop cher pour moi.
d. **Pers4 :** J'adore courir et j'ai toujours rêvé de participer à un marathon. Il y a quelques années, je me suis lancé le défi de courir le marathon de Paris et je n'ai pas abandonné. Je me suis entraîné dur pendant plusieurs mois et, le jour de la course, j'ai réussi à franchir la ligne d'arrivée. C'était une expérience incroyable. »
e. **Pers5 :** J'ai toujours rêvé de voyager à cheval en Mongolie et de découvrir les paysages de ce pays. L'année dernière, j'ai réalisé ce rêve et j'ai passé deux semaines à cheval dans les montagnes mongoles. C'était une expérience inoubliable et une aventure extraordinaire. C'était exactement comme je l'avais imaginé.
f. **Pers6 :** Petite, je rêvais de devenir une star de cinéma et de jouer dans des films hollywoodiens. Mais je n'avais pas le talent nécessaire pour devenir actrice. J'ai dû abandonner ce projet et me tourner vers d'autres passions.

PISTE 70

a. J'aurais aimé avoir votre avis sur ce projet. Ce serait très aimable de votre part !
b. J'aurais aimé t'aider ! Je suis vraiment désolée. J'étais malade et je n'ai pas pu me déplacer.
c. Tes voisins font encore du bruit ! Tu aurais dû leur en parler pour régler le problème.
d. Tu aurais dû m'aider pour le dîner. J'ai dû tout faire seule et c'était vraiment stressant.
e. J'aurais aimé être là pour te voir chanter ; j'aurais adoré te soutenir pour ta première scène.
f. Je n'aurais pas pu organiser mon mariage sans ton aide. C'est super ! Heureusement que tu étais là pour moi.
g. J'aurais dû passer plus de temps avec mes grands-parents quand ils habitaient encore à côté de chez nous…

PISTE 71

a. Qu'ils viennent ou non, ça m'est égal.
b. Je ne voudrais pas vous déranger.
c. Choisis le menu ; fais comme tu veux.
d. Je préfère partir de bonne heure.
e. On achète quelques fruits, peu importe lesquels.
f. Je vais prendre ce livre si tu ne le veux pas.
g. Je n'ai pas envie de sortir, il fait trop chaud.
h. Tu peux aller au restaurant, ça ne me dérange pas.

PISTE 72

Pour devenir réparateur de bicyclettes, il faut aimer deux choses : le vélo et le bricolage. Moi, j'aime les deux, donc je fais ce métier en prenant du plaisir. En plus, ça correspond à mes valeurs écolos. Je déteste jeter, je pense qu'il faudrait réduire la quantité de déchets dans le monde. Réparer, c'est le meilleur moyen de lutter contre la surconsommation. Les verbes en R, pour moi, ça a du sens : trier, réparer, recycler ! Et puis respirer, car le vélo, ce n'est pas polluant ! Avant, j'étais ingénieur, mais j'ai voulu changer. Je me suis spécialisé en suivant une formation de technicien cycle et j'ai travaillé deux ans dans l'atelier d'un magasin de sports.

DELF

PISTE 73

Aline : Salut Sophie ! Ça va ?
Sophie : Salut Aline. Non pas vraiment ! Je suis agacée par l'emploi du temps des enfants pour cette rentrée scolaire. Tu ne trouves pas qu'ils ont des journées de plus en plus chargées ?
Aline : C'est vrai ! Moi aussi, je suis embêtée qu'ils aient des journées aussi remplies que les nôtres !
Sophie : Le pire, c'est qu'ils ont une grande quantité de devoirs écrits à faire le soir quand ils rentrent à la maison. Je trouve que c'est exagéré. Ils doivent déjà apprendre leurs leçons par cœur tous les jours. Ce n'est quand même pas normal !
Aline : Je suis d'accord avec toi ! En plus, même pendant leurs journées libres, le mercredi et le samedi, ils sont très occupés à cause des activités extrascolaires. Mon fils Tristan apprend le violon le mercredi matin, puis l'après-midi il fait de l'athlétisme et le samedi il va à son club

cinéma. Et puis sa sœur fait du judo le samedi matin et a des cours de théâtre et de peinture l'après-midi. Je cours partout. C'est l'horreur !
Sophie : Ah moi, pour cette année j'ai diminué le nombre d'activités : un sport et une activité artistique par enfant, sinon, c'est trop compliqué pour s'organiser, pour les accompagner, venir les chercher… La course, c'est fini !
Aline : Tu as bien raison, on pense toujours qu'ils vont s'ennuyer pendant leur temps libre, alors que parfois c'est bien de les laisser sans rien faire !
Sophie : Je crois que notre époque est frénétique. Nous les adultes, nous n'avons pas beaucoup de repos dans la semaine, nous sommes très occupés alors on souhaite que nos enfants soient aussi actifs que nous. Nous les inscrivons à plein d'activités. Nous sommes un peu coupables, nous devrions être moins actifs, nous détendre plus et profiter des moments avec eux !
Aline : Ah, eh bien, super résolution pour la rentrée ! Bravo Sophie !

PISTE 74

Journaliste : Actuellement, en France, environ 47 % des entreprises autorisent leurs salariés à faire du télétravail. Cependant, aux États-Unis, de plus en plus de géants de la technologie, comme Meta et Google, favorisent un retour au travail en présentiel. Aujourd'hui, pour nous parler de ce phénomène, nous recevons Claire Dulac, responsable de l'entreprise SafeCy, spécialisée dans la cybersécurité. Bonjour et bienvenue. Claire, dans votre entreprise, le télétravail existe depuis quatre ans et, au début, vous aviez mis en place trois jours de télétravail par semaine… C'est bien ça ? Combien de jours de télétravail avez-vous aujourd'hui ?
Claire : Bonjour ! Oui c'est bien ça, avant c'était trois jours. Aujourd'hui, chez SafeCy, chaque employé est en télétravail un jour par semaine. En fait, même si les trois quarts des postes dans la cybersécurité permettent le télétravail, nous préférons le présentiel.
Journaliste : Pourquoi avez-vous choisi de diminuer le télétravail ?
Claire : Nous avons remarqué que la majorité de nos employés en télétravail ne cherchent plus à créer des liens avec leurs collègues. En effet, quand ils travaillent à distance, ils ne participent plus aux déjeuners et aux discussions pendant la pause-café. Les salariés se sentent isolés et ne sont plus très engagés dans la vie de l'entreprise. Vous savez, tous les employeurs ont peur que leurs salariés soient démotivés et ne veuillent plus travailler à cause de « l'effet cocooning ». Et puis, selon plusieurs études, il paraît même que certains salariés en télétravail ne dormiraient plus assez car ils feraient des heures supplémentaires chez eux.
Journaliste : Qu'est-ce que « l'effet cocooning » ?
Claire : Eh bien, c'est l'idée selon laquelle un employé en télétravail apprécie tellement le confort de son domicile qu'il devient moins productif et efficace. À la maison, il y a beaucoup de distractions : la télévision, les loisirs, les tâches ménagères, les demandes des enfants.
Journaliste : Que pensent vos salariés du télétravail ?
Claire : Pour nos salariés, le télétravail reste un avantage apprécié et souhaité parce qu'il permet de concilier plus facilement vie professionnelle et vie personnelle.
Journaliste : Comment voyez-vous l'avenir du télétravail dans votre entreprise ?
Claire : Aujourd'hui, nous faisons des efforts pour améliorer les conditions de travail de nos employés au bureau. Nous proposons un service de garde d'enfants mais aussi des activités sportives et créatives. Tout le monde sait qu'un salarié heureux est plus productif qu'un salarié en burn-out. À l'avenir, notre objectif est de rendre l'environnement de travail au bureau plus attirant que le télétravail.

PISTE 75

Journaliste : Chers auditeurs et chères auditrices bienvenue dans notre Focus Environnement ! Aujourd'hui, nous accueillons Maxime, 35 ans, qui va nous parler de son association les Enfants de la terre. C'est à vous, on vous écoute !
Maxime : Bonjour ! J'ai créé cette association avec deux amis, Alya et Wilfried, il y a deux ans à Toulouse. Nous sommes tous les trois passionnés par les voyages et la découverte de cultures étrangères. Lors d'un voyage en Thaïlande, nous nous sommes rendu compte que les touristes ne respectaient plus rien. Certains parlaient fort dans des lieux sacrés, d'autres faisaient des selfies dans des endroits interdits ou jetaient leurs emballages en plastique n'importe où. De plus, nous avons pu observer, malheureusement, les conséquences négatives du tourisme de masse : les sites naturels abîmés, les animaux menacés de disparition, les moyens de transports utilisés qui polluent… Je me suis donc demandé ce que je pouvais faire pour faire bouger les lignes.
Les Enfants de la terre est une association qui propose aux enfants de 12 à 16 ans des séjours éco-responsables dans les villages d'Europe. Pendant ces voyages, nous sensibilisons les plus jeunes aux gestes écologiques et à l'importance de préserver une économie locale. L'année dernière nous avons, par exemple, créé un potager durable et visité une ferme pédagogique en Sicile. Des artisans siciliens leur ont appris à fabriquer et à réparer des poteries traditionnelles. C'était vraiment génial ! Notre but c'est de leur apprendre les trois verbes en R indispensables : recycler, réparer, réutiliser. Dans notre association, nous respectons trois règles indispensables quand nous organisons les séjours. Tout d'abord, les jeunes doivent être hébergés par les habitants sur place. C'est l'occasion pour eux de faire connaissance avec la population locale et de découvrir des métiers et des coutumes plus respectueuses de la nature. Ensuite, nous privilégions un transport *éco-friendly*. Il faut éviter de prendre l'avion et préférer le train ou le car pour les longues distances. Pendant le séjour, nous nous déplaçons constamment à vélo ou à pied. Pour finir, c'est important qu'ils mangent des produits cultivés sur place car ils sont de meilleure qualité puis, qu'ils achètent, s'ils le souhaitent, des objets fabriqués par les artisans locaux. Chaque enfant qui s'inscrit à notre programme sera le citoyen éco-responsable de demain. Il est essentiel de s'engager pour la protection de la planète et de soutenir des cultures locales. Si notre association vous plaît, n'hésitez pas, rejoignez-nous !

©Photographies, images

Couverture : Vasty / @vasty-studio.

Unité 1 : Antonio Guillem/Dreamstime, AntonioGuillem/iStock, Kiosea39/Dreamstime, MixMedia/iStock, Olga355/Dreamstime, Panuwat Dangsungnoen/Dreamstime, Hispanolistic/iStock, mediaphotos/iStock, Iakov Filimonov/Dreamstime, SANALRENK/iStock, Tinashe Mugayi/Noun Project, Dmytro Yarmolin/iStock, Antonio_Diaz/iStock, Evgenii_Bobrov/iStock, Adrien Coquet/Noun Project.

Unité 2 : sturti /iStock, Grace Maina/iStock, Cahya Kurniawan/Noun Project, Goran13/iStock, BokehRD/iStock, AzmanJaka/iStock, Marc Bruxelle/iStock, Moyo Studio/iStock, merovingian/iStock, denisgorelkin/Adobe Stock, fokkebok/iStock, FreshSplash/iStock, temmuzcan/iStock, georgeclerk/iStock, vadimguzhva/iStock, Andrii Zorii/iStock, francois-roux/iStock, nortonrsx/iStock.

Unité 3 : PeopleImages/iStock, AndreyPopov/iStock, Amorn Suriyan/iStock, GoodLifeStudio/iStock, shapecharge/iStock, Drs Producoes/iStock, AaronAmat/iStock, Jay Yuno/iStock, blackCAT/iStock, sabelskaya/iStock GrapeImages/iStock, Adrien Coquet/Noun Project, Extreme Sports Photo/Alamy, Andrey Popov/iStock.

Unité 4 : urfinguss/iStock, Guzaliia Filimonova/iStock, shapecharge /iStock, Mary Naimanbayeva/iStock, S M Nazmul Haque/iStock, ricochet64/iStock, nikolay100 /iStock, FredP/Adobe Stock, francescoch/iStock.

Unité 5 : santypan/iStock, eclipse_images/iStock, Wavebreakmedia/iStock, ArtistGNDphotography/iStock, Jevtic/iStock, mihailomilovanovic/iStock, VioletaStoimenova/iStock, PIKSEL/iStock, Wavebreakmedia/iStock, Prostock-studio/Adobe Stock, ljubaphoto/iStock, Kerkez/iStock, aohodesign/iStock, Irina Cheremisinova/iSTock.

Unité 6 : guru86/iStock, undefined/iStock, feri ulan taufiq/Noun Project, shuai tawf/Noun Project, SrdjanPav/iStock, HJBC/Alamy, Irina_Strelnikova/iStock, WiStudio/Noun Project, Gravure Francaise/Alamy.

Unité 7 : guruXOX et généré à l'aide de l'IA/Adobe Stock, Sutthiphong/Adobe Stock, Chagin/iStock, Anita Nicholson/iStock, danindub/iStock, virtustudio/ iStock, PeopleImages/iStock, Almaje/iStock, Gilitukha/iStock, mattjeacock/iStock, Roberto/iStock, quinntheislander/iStock, selimaksan/iStock, mediaphotos/iStock.

Unité 8 : Rawpixel /iStock, omergenc/iStock, RichVintage/iStock, Omelchenko Andrii/iStock, rzarek/iStock, mar1koff/iStock, kadirkaba/iStock, Abaca Press / Alamy Banque D'Images, Kwangmoozaa/iStock, puhhha/iStock, asantosg/iStock, ricochet64/iStock.

Unité 9 : Anna Terekhova/iStock, Ridofranz/iStock, AaronAmat/iStock, denisgorelkin/ Adobe Stock, hoangpts/iStock, enotmaks/iStock, mayrum/iStock, siraanamwong/iStock, svetolk/iStock, KucherAV/iStock, Morsa Images/iStock, Deepak Sethi/iStock, NGUYEN THI NHI/iStock.

Unité 10 : istrejman/iStock, Abaca Press / Alamy Banque D'Images, appleuzr/iStock, m_pavlov/iStock, Dario Lo Presti/Adobe Stock.

Unité 11 : Ivan Vdovin / Alamy Banque D'Images, Penta Springs Limited / Alamy Banque D'Images, EKH-Pictures/Adobe Stock, GRANGER - Historical Picture Archive / Alamy Banque D'Images, yujie chen/iStock, margouillatphotos/iStock, Givaga/iStock, Gwengoat/iStock, GiorgioMorara/iStock, Maxim Ermolenko / Alamy Banque D'Images, duncan1890/istock, Chris Hellier / Alamy Banque D'Images, North Wind Picture Archives / Alamy Banque D'Images, Hein Nouwens/iStock, vasiliki/iStock, aterrom/Adobe Stock, AGD Beukhof/iStock, MikeLane45/iStock, kitzcorner/iStock, Deagreez/iStock, Zarnell/iStock, carstenbrandt/iStock, Eleonora Grigorjeva/iStock, baona/iStock.

Unité 12 : Nadezhda Kurbatova/iStoco, Yevhenii Dubinko/iStock, urbazon/iStock, urbazon/iStock, Vladans/Dreamstime, Agnormark/Dreamstime, Alejandro27/Dreamstime, AmnajKhetsamtip/iStock, diego_cervo/iStock.

DELF : izusek/iStock, MINIWIDE/iStock, Anna Semenchenko/iStock.

©Documents authentiques : textes, audio, images

Unité 4 : p. 30 *Journal 08h00 du jeudi 04 mai 2023*, France Inter/Radio France

Unité 5 : p. 39 Affiches *Campagne citoyenne égalité Femmes-Hommes*, https://www.laboratoiredelegalite.org/campagne-de-communication/ Le Laboratoire de l'Egalité/Tous Droits Réservés

Unité 6 : p. 47 *Prolonger la vie des appareils électroniques obsolètes,* Saad Sebti/Radio-Canada, p. 51 *Exposition "Inusable",* exposition élaborée par l'association HOP et Pays de Montbéliard Tourisme/ HOP *(2023)*

Unité 7 : p. 55 *Ce site génère de fausses photos de profils Tinder et LinkedIn à l'aide d'une l'IA* , Justine M./Creapills, p. 59 dessin : *Un jour on finira par fabriquer des robots...,* BerthBerth, http://berth.canalblog.com/ (2019)

Unité 8 : p. 66 *Thomas Brail, en grève de la faim pour protester contre l'A69, a été délogé de l'arbre qu'il occupait,* Le HuffPost/Huffington Post

Unité 10 : p. 81 *Téléfilm, série, feuilleton : quelle est la différence ?,* Merwane Mehadji/Tvmag.lefigaro.fr

Unité 11 : p. 91 *À la découverte du musée archéologique de Gergovie,* Catherine Lopes/France Info, francetvinfo.fr